골프는 거리다

혼자 연습해 만드는 장타스윙 가이드북

골프는 거리다

김태균(Coach TK) 지음

집사재

골프는 거리다

초판 1쇄 인쇄 | 2017년 06월 25일
초판 3쇄 발행 | 2020년 06월 12일

지은이 | 김태균
그린이 | 윈일러스트
발행인 | 최화숙
편집인 | 유창언
발행처 | 집사재

등록번호 | 제1994-000059호
출판등록 | 1994. 06. 9.
주소 | 서울시 마포구 성미산로2길 33 성광빌딩 202호
전화 | (02) 335-7353
팩스 | (02) 325-4305
이메일 | pub95@hanmail.net | pub95@naver.com

ⓒ 김태균 2017
ISBN 978-89-5775-178-7 13690
값 15,000원

★ 파본은 본사나 구입하신 서점에서 교환해 드립니다.
★ 이 책의 판권은 지은이와 도서출판 집사재에 있습니다. 내용의 전부 또는 일부를 재사용하려면 반드시 양측의 서면 동의를 받아야 합니다.

책을 시작하며

Practice makes perfect. 연습이 완벽함을 만든다는 말이 있습니다. 골프에서는 이 격언이 맞을 수도 있고 틀릴 수도 있습니다.

잘못된 스윙동작을 많이 연습하게 되면, 바르지 못한 스윙이 만들어지고 볼을 자신이 원하는 타겟으로 보낼 수 있는 확률은 더 줄어들게 됩니다. 골프스윙의 경우는 잘못된 동작을 많이 연습하는 것보다 연습을 하지 않는 것이 더 나을 수도 있습니다.

골프연습에서 가장 중요한 것은 많은 연습의 양이 아니라 스윙의 바른 동작이 무엇인지 알고 연습을 시작하는 것입니다. 바른 동작을 많이 연습해야 완벽에 가까운 스윙-똑바로 멀리 보내는 장타스윙-을 만들 수 있는 것입니다.

또한 많은 연습량과 함께 연습을 제대로, 효과적으로 할 수 있는 방법을 갖고 있는 것도 중요합니다. 주말골퍼들의 경우, 연습시간이 많지 않기 때문에 짧은 시간에 빨리 스윙동작을 익힐 수 있는 효과적인 연습법도 중요하게 생각해야 합니다.

이 책 [골프는 거리다]는 장타를 위한 바른 동작 35개-스윙 7단계별로 반드시 익혀야 하는 핵심동작 5가지씩 를 세계적인 프로선수의 스윙을 통해 제안하고 있으며 또한 해당 스윙동작을 쉽게 효과적으로 빠르게 습득할 수 있는 연습법과 연습 스윙키를 설명하고 있습니다.

아무쪼록 이 책을 보는 모든 독자들이 동반자들이 부러워하는, 골퍼의 로망인 장타스윙을 가질 수 있기를 바랍니다.

리베라 CC에서
김태균 드림

| 차례 |

책을 시작하며 ··· 05

PART 1 | 골프스윙의 이해   11

    하나. 골프스윙 7단계 ··· 13
    둘. 골프스윙은 분리운동이다 ···························· 14
    셋. 골프스윙은 체중이동이다 ···························· 18
    넷. 골프스윙은 스윙 Path(길)이다 ···················· 21

PART 2 | 스윙 연습의 원칙   23

PART 3 | 핵심 스윙동작 35개와 연습법   29

    1단계 셋업의 핵심동작 5개와 연습법 ················ 31
        1-① 파스쳐(Posture:자세) 잡기 ·················· 34
        1-② 그립 만들기(Gripping) ························ 39
        1-③ 중간타겟 정하기 ······························· 42
        1-④ 볼 위치와 체중 분배 느낌 찾기 ·············· 47
        1-⑤ 발바닥 심기(Planting) ·························· 51
        1-보너스 셋업 루틴(Routine) 만들기 ············· 55

    2단계 테이크이웨이의 핵심동작 5개와 연습법 ······ 59
        2-① 클럽헤드 뒤로 쭉 보내기 ······················ 62
        2-② 클럽헤드 천천히 낮게 빼기 ··················· 68
        2-③ 모두 함께 가기 ································· 74
        2-④ 오른쪽 무릎 잡기 ······························ 80
        2-⑤ 왼쪽 어깨 턴하기 ······························ 85

3단계　백스윙탑의 핵심동작 5개와 연습법 ･･････････ 91
　3-① 오른쪽 다리 버티기 ････････････････････････ 94
　3-② 왼팔 밀면서 왼쪽 어깨 턴 ･･････････････････ 100
　3-③ 등을 타겟으로 보내기 ････････････････････ 106
　3-④ 오른쪽 팔꿈치 땅으로 ･････････････････････ 112
　3-⑤ 오른팔 'ㄷ'자 만들기 ･･････････････････････ 118

4단계　다운스윙의 핵심동작 5개와 연습법 ･･･････････ 125
　4-① 왼발 확실히 밟기 ････････････････････････ 128
　4-② 오른 무릎, 왼 무릎 쪽으로 ･････････････････ 134
　4-③ 왼쪽 힙 턴하기 ･･････････････････････････ 140
　4-④ 오른쪽 팔꿈치 붙이기 ････････････････････ 146
　4-⑤ 코킹 유지하기 ･･･････････････････････････ 152

5단계　임팩트의 핵심동작 5개와 연습법 ･･･････････････ 159
　5-① 왼쪽 다리 쫙 펴기 ･･･････････････････････ 162
　5-② 왼쪽 힙 확실히 열기 ･･････････････････････ 168
　5-③ 왼쪽 어깨 타겟라인 평행하기 ･･････････････ 174
　5-④ 왼팔 확 던지기 ･････････････････････････ 179
　5-⑤ 오른손 강하게 치기 ･･････････････････････ 184

6단계　릴리스의 핵심동작 5개와 연습법 ･･････････････ 191
　6-① 헤드페이스 스퀘어 유지 ･･････････････････ 194
　6-② 척추각 유지하기 ････････････････････････ 200
　6-③ 머리 뒤로 보내기 ･･･････････････････････ 205

6-④ 오른쪽 어깨 낮게 회전하기 ················· 210
　　　6-⑤ 손목 로테이션하기 ························· 215

7단계 피니시의 핵심동작 5개와 연습법 ················· 221
　　　7-① 오른쪽 어깨 계속 회전하기 ················· 224
　　　7-② 몸 수직으로 세우기 ······················· 230
　　　7-③ 오른 발바닥 보여 주기 ···················· 236
　　　7-④ 4시 피니시 만들기 ······················· 241
　　　7-⑤ 밸런스 피니시 잡기 ······················· 247

PART 4 | **스코어 연습법과 레슨사례**　　　　　　　253
　하나. 스코어 연습법 10가지 ······················· 255
　둘.　 스윙레슨 솔루션 사례 ······················· 259

PART 1

골프스윙의 이해

All that is really required to play good golf is to
execute properly a relatively small number of true fundamental movement.

좋은 플레이를 위해 필요한 것은
아주 기본적인 몇 가지 스윙동작들을 적절하게 활용하는 것이 핵심이다.

− 벤 호건 Ben Hogan

하나. 골프스윙 7단계

골프스윙(이 책에서는 풀스윙 Full Swing을 말함)은 스윙을 준비하는 셋업부터 스윙을 마무리하는 피니시까지 총 7단계로 나눌 수 있다. 아래 그림으로 보는 스윙 단계별 각각의 이름은 다음과 같다.

1단계 셋업(Setup)

2단계 테이크어웨이(Takeaway)

3단계 백스윙탑(BackswingTop)

4단계 다운스윙(Downswing)

5단계 임팩트(Impact)

6단계 릴리스(Release)

7단계 피니시(Finish)

둘. 골프스윙은 분리운동이다

골프스윙은 상하체의 분리가 기본이다. 상하체가 분리되어야 힙과 어깨의 회전이 가능해진다. 힙과 어깨의 강하고 빠른 회전력에 의해 클럽헤드 스피드가 증가하게 되고, 클럽헤드의 가속화 구간에서 임팩트된 볼의 거리가 늘어나게 된다. 이것이 스윙과 볼 비행(Flight)의 기본 원리이다.

상하체의 분리각(Angle)은 왼쪽 힙과 왼쪽 어깨를 기준으로 만들어지는 데 셋업 때만 왼쪽 힙과 왼쪽 어깨가 타겟라인과 동일하게 평행라인에 있으므로, 상하체의 분리가 되지 않는다(분리각이 0. 그러나 테이크어웨이부터 스윙에 들어가면 상하체의 분리가 항상 존재한다. 분리각이 항상 0 이상).

즉, 스윙 7단계 중 3단계인 백스윙탑 때 1차 분리각이 만들어지고, 2차 분리각은 임팩트 때, 3차 분리각은 피니시 때 만들어져야 한다.

1. 상하체 1차 분리- 백스윙탑

왼쪽 힙은 타겟라인보다 45도 정도 오른쪽으로 돌아가나 왼쪽 어깨는 90도 이상 회전함으로써 45도 이상의 분리각 존재(왼쪽 어깨가 더 많이 회전)-상체를 따라가지 않고 버티는 하체의 지탱력이 전제.

2. 상하체 2차 분리-임팩트

왼쪽 어깨는 타겟라인과 평행하지만 왼쪽 힙은 타겟라인보다 왼쪽으로 45도 정도 열려 있어 45도의 분리각 존재(선수들도 가장 만들기 힘든 임팩트 분리각). 하체가 빠르게 회전하는 동안 따라가지 않으려는 상체의 의식적인 저항력(Resistance)이 핵심.

3. 상하체 3차 분리-피니시

왼쪽 힙은 타겟라인보다 100도 정도 왼쪽으로 돌아 있고 왼쪽 어깨는 타겟라인보다 160도 정도 더 왼쪽으로 돌아서 45도 이상의 분리각 존재(왼쪽 어깨가 더 많이 회전). 확실한 상체 회전을 만들어 내는 오른쪽 어깨의 끈질긴 회전력이 필수.

셋. 골프스윙은 체중이동이다

1. 체중이동 1단계-셋업

체중이동은 셋업 스탠스를 취했을 때 양발의 체중 분배에서부터 시작한다. 긴 클럽일수록 오른발에 체중을, 짧은 클럽일수록 왼쪽 발에 체중을 더 두게 된다. 셋업 시 오른발에 60%~40% 전후의 체중을 클럽 별로 다르게 느끼면 된다.

상하체가 밸런스를 유지한다

2. 체중이동 2단계-백스윙탑

스윙이 테이크어웨이를 거쳐 백스윙탑에 갔을 때 60% 전후의 체중이 오른발로 이동하게 된다. 이는 앞에서 본 상체와 하체의 분리운동에 의해 자연스럽게 만들어지게 되는데 백스윙탑에서 오른쪽 발과 다리 안쪽으로 긴장감과 체중을 느낀다면 바르게 체중이동이 되었다고 할 수 있다.

상체가 주도한다

3. 체중이동 3단계-임팩트

가장 중요한 체중이동은 백스윙탑에서 다운스윙을 거쳐 임팩트로 전환되면서 일어난다. 오른쪽(Dominant Side) 발과 팔을 이용해 할 수도 있고, 왼쪽 발이나 무릎, 힙 등을 이용해서 할 수도 있다.

많은 연습으로 자신만의 체중이동 방법을 개발하는 것이 중요하고 임팩트 시점에서는 왼발에 80% 전후의 체중이 실리도록 하여야 한다.

하체가 주도한다

4. 체중이동 4단계-피니시

체중이동의 마지막 단계는 임팩트 후 피니시 구간에서 일어난다. 주말골퍼에게는 쉽지 않는 체중이동 스윙동작이다.

임팩트 다음 단계인 릴리스와 팔로우스루(Follow through)가 잘못될 때는 마지막 체중이동이 일어나지 않게 된다. 임팩트 후 오른쪽 어깨가 타겟을 향해 끝까지, 낮게 따라가면서 회전할 수 있어야 한다.

3단계가 하체에 의한 체중이라면 4단계는 상체에 의한 체중이동 완성단계이다. 볼을 더 멀리 정확하게 타겟으로 보내는데 결정적인 역할을 한다.

상체가 주도한다

넷. 골프스윙은 스윙 Path(길)이다

1. 3가지 스윙 Path(길)

스윙 Path(길)는 임팩트 전후 클럽헤드가 다니는 길이며, 이에는 다음과 같이 3가지가 있다. 일반 골퍼들은 (3)번 Out-to-In 스윙으로 고생하는 경우가 많다.

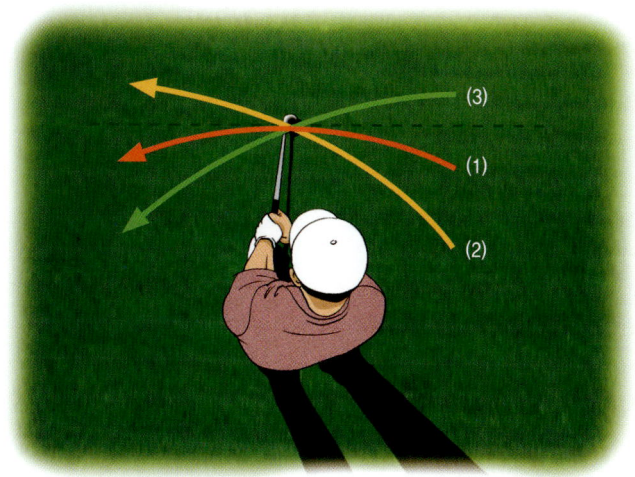

(1) In-to-In(바로 가는 스트레이트샷을 만든다)
 클럽헤드가 볼 안쪽에서 접근-임팩트-볼 안쪽으로 빠지는 길

(2) In-to-Out(우측으로 밀리는 푸시샷을 만든다)
 헤드가 볼 안쪽에서 접근-임팩트-볼 바깥쪽으로 빠지는 길

(3) Out-to-In(왼쪽으로 당겨지는 풀샷을 만든다)
 헤드가 볼 바깥쪽에서 접근-임팩트-볼 안쪽으로 빠지는 길

2. 만들어야 하는 스윙 Path(길)

스윙 Path(길)는 볼의 방향을 결정짓는 요인일 뿐만 아니라 거리에도 영향을 끼치는 요소이다. 그리고 우리가 스윙 연습을 통해서 만들고자 하는 것은 치고자 하는 샷에 맞는 클럽헤드가 다니는 길, 스윙 Path(길)를 만드는 것이다.

3가지 스윙 Path(길) 중 어느 것이 좋고 나쁘다라고 할 수 없다. 어떤 샷을 칠 것인가(Shot Making)에 따라 그에 맞는 스윙 Path(길)를 만들어 낼 수 있는 스윙 스킬을 가지는 것이 더 중요하다. 다만 이 책에서는 **장타스윙을 위한 똑바로 멀리 가는 스트레이트 샷을 만드는 것이 목적이기에 In-to-In의 스윙 Path(길)**-앞페이지 그림에서 1번-을 만드는 스윙동작에 집중할 것이다.

PART 2

스윙 연습의 원칙

1998년 시즌에 내가 스승인 부치 하먼과 함께
나의 스윙을 재정비할 때,
부치는 내게 30분 동안 한 가지 동작만을 반복하도록 시키곤 했다.
그의 지시를 따를 때 나는 녹초가 돼서 팔이 떨어져 나가는 것만 같았다.
하지만 나는 그 동작을 나의 근육이 기억할 때까지 반복했다.
— 타이거 우즈 '나는 어떻게 골프를 치는가' 에서

1. 한번에 하나씩 집중 연습한다.

장타스윙 연습법 제1의 원칙이며 가장 중요한 원칙이다. 연습 시 하나의 스윙동작에만 집중하여 연습하여야 한다.

의식적으로 하지 않아도 해당 동작이 자연스럽게 나올 정도까지 연습해야 한다. 35개 핵심동작 중 하나만 선택하여 그 동작의 바른 자세와 느낌을 찾기 위해 집중적으로 반복 연습하는 것이다.

2. 최대한 천천히 연습한다.

연습의 목적은 해당 근육이 새로운 동작들을 빠르게 기억하게 하는 데 있다. 쉽게 기억시키기 위한 가장 효과적인 방법은 만들고자 하는 동작을 천천히 연습하는 것이다.

근육이 기억할 수 있는 시간과 여유를 주기 위함이다.

많은 동작을 빨리 익히려고 서두르는 것보다 한 동작이라도 제대로 연습해야 무너지지 않는다.

3. 장소에 구애받지 않고 연습한다.

스윙동작의 연습은 반드시 볼을 치면서 할 필요가 없다. 연습장의 비어 있는 타석이나 집, 사무실 어디에서도 가능하다.

클럽을 갖고 하는 것이 바람직하나 클럽을 사용하지 않고 빈손으로 연습해도 무방하다.

근육의 느낌을 찾고 근육을 익숙하게 만들어 나가는 과정이기에 어디든 공간 확보가 되면 연습한다.

4. 타석에서 연습 시 3:1원칙을 준수한다.

특히 연습장 타석에서 연습 시 3회 정도는 볼을 치지 않고 천천히 해당 동작을 빈 스윙으로 먼저 연습한다. 그리고 해당 동작에만 집중하면서 볼을 1회 친다. 빈 스윙 3회, 볼 스윙 1회로 해서 3 : 1의 비율로 연습하는 것이다.

연습 시에는 볼을 치는 것이 목적이 아니라 내 몸의 해당 근육에 스윙동작을 기억시키는 것이 목적이기 때문이다. 시간 타석 연습장보다 볼 개수 연습장을 찾는 것이 좋을 것 같다.

5. 하나의 동작이 근육에 저장되면 다음 동작으로 넘어간다.

하나의 스윙동작이 근육에 기억되는 것은 개인의 현재 골프 스킬이나 신체적 능력, 연습시간, 방법, 집중도 등에 따라 틀릴 것이다. 그 판단은 개인별 동작 익숙성(Movement Familiarity)에 따라 정해지게 되는데, 일반적으로는 의식적 행동이냐, 무의식적 행동이냐 하는 것이 기준이 된다. 별로 신경 쓰지 않아도 해당 동작이 자연스럽게 나오게 되면, 다음 동작으로 넘어갈 타이밍이다. 스윙 자체가 무의식적으로 나올 때까지 반복 연습해 나간다.

6. 전체 스윙리듬을 연습하고 마무리한다.

오늘 35개의 핵심동작 중 하나를 연습장에서 연습했다면 항상 전체 스윙의 리듬과 템포를 찾는 연습으로 마무리하자. 완벽한 스윙을 하기 위해 스윙동작을 바르게 연습하는 것도 중요하지만 오늘 연습한 동작에 집중하면서 전체 스윙의 리듬과 템포를 찾고, 유지하는 것 또한 중요하기 때문이다.

7. 누구나 첫 동작부터 연습한다.

이 책 [골프는 거리다]를 보는 어떤 골퍼든지 셋업 단계의 첫째 동작부터 확인하고 연습하기를 바란다.

핸디캡이나 구력에 따라 스윙동작 습득력의 빠르기와 익숙함이 다를 수는 있으나 순서는 똑같이 처음 동작부터 확인한다. 스윙을 체크하고자 하는 프로나 스윙을 처음으로 접하는 비기너나 완벽한 스윙을 만들고자 하는 목적은 같기 때문이다.

8. 100% 아니라도 상관없다.

Part 3 [핵심 스윙동작 35개와 연습법] 에서 제시한 동작들은 세계정상 투어 프로의 스윙을 단계별로 나누어 표현한 것이다.

해당 동작을 그들과 100% 정확하게 따라 한다는 것은 절대 쉽지 않다. 개인의 신체적 특성에 따라 그 한계는 분명히 있으나 한계 내에서 최선을 다해 연습해 보자.

PART 3

핵심 스윙동작
35개와 연습법

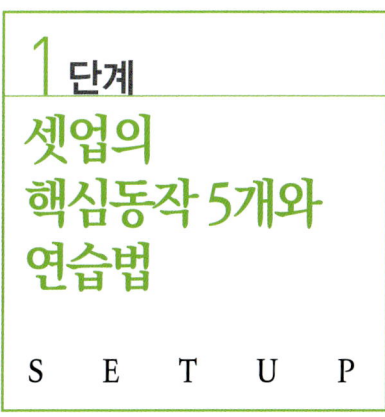

1단계
셋업의 핵심동작 5개와 연습법

SETUP

If you set up correctly, there's a good chance you'll hit a
reasonable shot,
even if you make a mediocre swing. If you set up to the ball poorly,
you'll hit a lousy shot even if you make the greatest swing in the world.

만약 바르게 셋업했다면 평범한 스윙을 했다고 하더라도
꽤 괜찮은 샷이 나올 가능성이 높다.
만약 잘못되게 셋업했다면 세상에서 가장 위대한 스윙을 했더라도
아주 엉망인 샷이 나올 것이다.

— 잭 니클라우스 Jack Nicklaus

1단계 셋업 / SETUP

[볼을 치기 위해 클럽과 몸과 마음을 준비해 나가는 과정으로 스윙 1단계이다.]

셋업은 스윙 전체 승패에 결정적인 영향을 준다. 빨리 볼을 치고 싶은 급한 마음이 '대충 셋업'을 만든다. 지루하고 재미없더라도 셋업은 확실히 연습해야 하며 딱 서면 딱 나올 정도가 되어야 한다.

★ 셋업 시에 연습해야 하는 스윙동작 5

1-① 파스처(Posture:자세) 잡기

1-② 그립 만들기(Gripping)

1-③ 중간타겟 정하기

1-④ 볼 위치와 체중 분배 느낌 찾기

1-⑤ 발바닥 심기(Planting)

1 단계 | **셋업**

1-① 파스쳐(Posture:자세) 잡기

셋업 시 몸 전체의 모양과 자세를 잡는 것으로 자신이 모델로 삼고 있는 선수의 옆모습과 앞모습을 참고로 하여 자신의 파스쳐를 만들어 나가는 핵심동작이다.

[셋업 옆모습]

☑ 옆모습 체크 항목

1. 발바닥 느낌(땅에 딱 붙은 느낌)

2. 무릎각도(20도 내외 구부리기)

3. 엉덩이 느낌(뒤로 내밀면서 앉은 느낌)

4. 등 각도-스파인 앵글(어깨 쫙 편 느낌과 연결)

5. 머리 위치(등과 같은 선상에 위치, 숙이지 말고)

6. 손의 위치(코에서 수직으로 내린 선상)

　　　　　　-아이언인 경우는 턱밑에 위치

[셋업 앞모습]

☑ 앞모습 체크 항목

1. 양발의 스탠스(드라이브 경우 양 어깨 바깥)

2. 볼의 위치(드라이브 경우 왼발 안쪽)

3. 양 무릎 방향(안쪽을 가리킴)

4. 손의 위치(왼쪽 허벅지 안쪽)

5. 양 팔꿈치 위치와 방향(안쪽이 배에 닿는 느낌)

6. 양 어깨 높낮이(왼쪽이 약간 높게)

7. 시선의 위치(볼 뒤 윗부분)

| 연습 방법 |

1. 남을 의식하지 않는 장소를 택한다. 클럽이 있어도 좋고 없어도 괜찮다. 자신의 파스처를 볼 수 있는 대형거울이나 유리가 있는 곳이면 된다.

2. 앞모습이나 옆모습을 볼 수 있는 각도에서 파스처를 취해 본다.

3. 거울이나 유리에 비춰진 자신의 모습을 보면서 앞에 제시한 체크 항목들을 발부터 위로 올라가면서 체크해 본다.

4. 체크와 동시에 틀린 자세들은 바로 잡으면서 그 느낌을 찾아본다.

5. 모델 파스처와 비교해 볼 때 바르게 되었다고 한다면 그 파스처를 계속해서 반복적으로 잡아 본다.

- 거울이나 유리가 없을 시는 남의 도움을 받아 스마트폰으로 찍어 보면서 비교, 수정해 나간다.

1 단계 | **셋업**

1-② 그립 만들기(Gripping)

어떤 모양새로 어떻게 클럽을 잡느냐 하는 것과 관련된 동작이다. 몸과 클럽을 연결해주는 역할을 하기에 클럽과의 일체감을 찾아나가는 것이 가장 중요하다.

3가지 타입의 그립

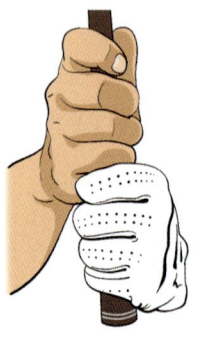

1. Overlapping
오버래핑

2. Interlocking
인터라킹

3. Ten Finger
텐 핑거

자신에 맞는 타입을 찾고 익숙해지는 연습을 끊임없이 해야 한다. 손이 크고 손가락이 길면 1번, 손이 작고 손가락이 짧으면 2번, 정도의 가이드 라인을 참고로 하면 된다. 3번 텐 핑거 그립은 많이 사용하지는 않는다. 그립에서 중요한 것은 자신만의 그립 느낌과 양손의 일체감이다.

연습 방법

1. 위 3가지 타입 중 어느 하나를 선택하더라도 손가락 위주로 클럽을 잡는다.

2. 손바닥을 서로 마주보게 해서, 양손은 맞물리게 잡는다. 양손 가운데 틈이 생기지 않게 한다.

3. 양손의 엄지와 집게손가락이 만드는 V자홈이 가르키는 방향은 오른쪽 어깨 중간 정도에 오게끔 한다.

4. 그립의 압력이 0~10까지라면 5~7 정도로 약간 강하게 잡으려고 해야 한다. 힘 빼라고 해서 그립을 살살 잡는 것은 잘못된 것이다.

5. 위 4가지를 체크, 수없이 반복 연습하며 자신만의 그립 모양과 그립감을 찾는다.

아래의 그립 연습기로 연습하면 더 효과적일 수 있다.

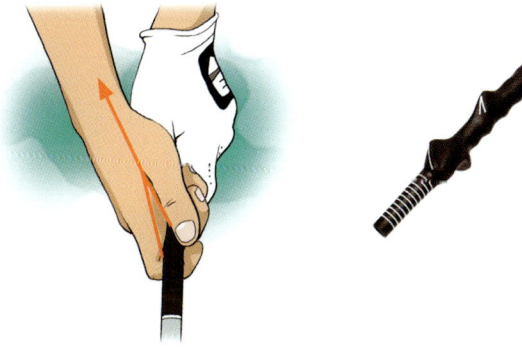

1 단계 | 셋업

1-③ 중간타겟 정하기

골프는 타겟운동이다. 타겟으로 볼을 보내기 위해 스윙을 하는 것이다. 타겟으로 볼을 보내기 위해 중간에 어떤 포인트(볼 앞 30㎝ 정도)를 정해, 가이드로 활용하는 것을 중간타겟(방향)이라고 한다. 잘 맞았다고 생각했는데 볼이 타겟으로 가지 않은 경우, 대부분 그 원인이 중간타겟과 에이밍(Aiming)에 문제가 있어서이다.

에이밍 Aiming

에이밍은 볼을 보내고자 하는 타켓라인 선상의 어느 한 점(중간타겟:볼 앞 30㎝ 정도에 있는 잔디나 디보트)과 클럽을 스퀘어(Square)로 맞추는 것이다.

많이 언급되는 스퀘어(Square)는 직각(90도)을 의미하는데 최근에는 평행이라는 말과 함께 사용하고 있다. 에이밍 시 클럽헤드를 스퀘어하게 놓는다는 것은 클럽헤드의 맨 밑 라인(리딩엣지 Leading Edge)과 중간타겟 점을 잇는 선을 직각으로 만나게 하는 것이다.

얼라인먼트 Alignment

얼라인먼트는 에이밍에서 선정한 중간타겟을 연장한 선과 몸(어깨, 힙, 무릎, 발 라인 등)을 평행하게 맞추는 것을 말한다. 볼의 방향성에 절대적인 영향을 준다.

● 중간타겟

타겟라인과 양발을 잇는 선이 평행하게 놓이게 되면 바른 얼라인먼트의 기본이 만들어진 것이다.

| 연습 방법 |

1. 연습장 타석을 택한다. 비어 있는 타석도 좋다.

2. 타석 뒤에서 앞쪽 그물망 쪽에다 방향타겟을 좌-중간-우로 순차적으로 잡는다.

3. 선택한 방향타겟과 볼까지 가상의 선을 그리고 볼 30㎝ 정도 앞에 있는 점을 중간타겟(먼지나 티끌 등 활용)으로 선택한다.

4. 중간타겟을 기억하면서 셋업에 들어간다. 중간타겟과 스퀘어하게 클럽헤드를 놓는다(에이밍).

5. 발을 시작으로 위로 올라가면서 몸의 파스처(자세)를 중간타겟 라인과 평행하게 정렬한다(얼라인먼트).

6. 3회 연습하고 4회째 볼을 하나 친다.

7. 위 과정을 무의식적으로 할 수 있을 때까지 무한 반복한다.

| 연습 스윙키 |

볼 뒤에서 셋업 루틴을 시작하면서 작게 외친다.

볼 뒤에서 볼이 가야 하는 방향타겟을 보고,
볼과 타겟을 잇는 타겟라인 선상에
중간타겟을 찍고,
셋업으로 들어가서 몸을 타켓라인과
평행하게 정렬한다. 그리고 볼을 하나 쳐 본다.

1 단계 | 셋업

1-④ 볼 위치와 체중 분배 느낌 찾기

스윙은 동그란 원 운동은 아니지만 클럽헤드가 만드는 원의 최저점 (Bottom)을 이해해야 볼을 찍어 치던, 볼을 띄울 수 있다. 이 최저점에 관여하는 변수가 클럽 별 볼의 위치와 양발의 체중 분배 동작이다. 외우려고 하지 말고 원리만 이해하고, 자신에 맞는 볼 위치와 양발이 느끼는 체중 분배의 느낌을 찾아가도록 하자.

(1) 퍼올리는 샷-Ascending

땅 First(최저점), 볼 Next의
[뒤땅 임팩트] - 클럽헤드가 올라가면서
볼을 치게 된다.

(2) 내리찍는 샷-Descending

볼 First, 땅 Next(최저점)의
[장타 임팩트] - 클럽헤드가 내려가면서
볼을 치게 된다.

볼 위치

클럽에 따라 볼 위치가 틀려지는 데 그 기본은…

−긴 클럽일수록 왼발 쪽에, 몸에서 멀리 볼을 놓고,

−짧은 클럽일수록 센터 쪽에, 몸 가까이에 볼을 놓는다.

긴 클럽 ←————— 볼 위치 —————→ 짧은 클럽

왼발 / 몸 멀리   센터 / 몸 가까이

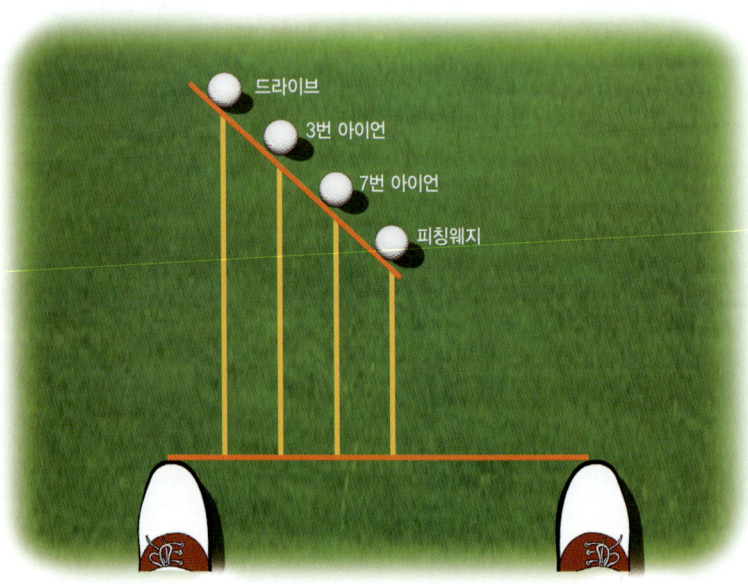

체중 분배

클럽에 따라 양발의 체중 분배가 틀려지는 데 그 기본은…

-긴 클럽일수록 오른발에 체중을 더 싣고

　(드라이브일 때 오른발에 최대 60% 내에서)

-짧은 클럽일수록 스탠스는 좁아지면서 왼쪽 발에 체중을 더 싣는다.

　(웨지일 때 왼발에 최대 60% 내에서)

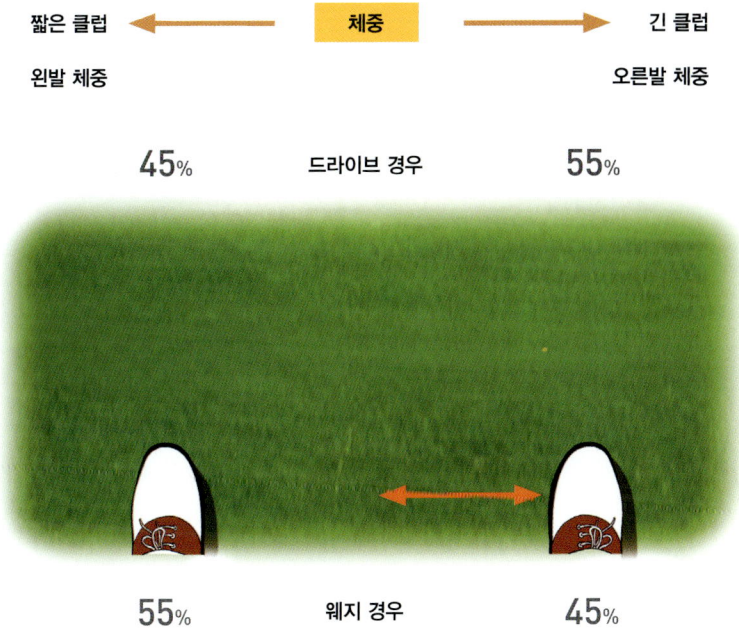

| 연습 방법 |

1. 연습장 타석을 잡는다.

2. 피칭웨지를 백에서 꺼내 볼 위치와 양발의 체중에만 신경 쓰면서 셋업해 본다.

3. 볼 위치가 스탠스 가운데인지, 왼발에 좀더 체중이 실려 있는지 확인해 보고 그 느낌을 기억하고 볼을 하나 친다.

4. 볼의 임팩트가 제대로 나오지 않았을 때는 볼의 위치를 좌우/전후 조정해 보면서 또 볼을 하나씩 친다.

5. 어설프게나마 가운데 맞는 임팩트 느낌이 오면 체중 분배 동작을 만들어 가 본다. 왼발에 체중을 조금씩 더 실으면서 시도해 본다.

6. 제대로 임팩트감이 오면 그때의 볼 위치와 체중 분배점을 기억하며 익숙해질 때까지 볼을 친다.

7. 웨지에서 드라이브까지 클럽을 바꾸어 가면서 모든 클럽의 볼 위치/체중 분배점을 확인해 본다. 깨끗한 임팩트가 나올 때까지 계속 반복 연습한다. 볼의 방향은 신경 쓰지 말자.

1 단계 | 셋업

1-⑤ 발바닥 심기(Planting)

아름답고 튼튼한 꽃과 줄기는 땅속 깊이 자리잡은 뿌리의 노력과 고통 없이는 불가능하다. 발바닥을 땅에 심는 셋업은 아름다운 스윙을 만들어 내는 35개의 스윙동작 중 가장 중요하다고 할 수 있다.

발바닥을 잔디에 묻는 동작이다.
뿌리깊은 나무가 바람에 흔들리지 않듯 발바닥을 묻는 셋업은 스윙의 밸런스를 피니시 때까지 안정감있게 잡아준다.

잘못된 동작 '상체 셋업'

1. 볼을 치고자 하는 마음이 급할 때
2. 컨디션이 안 좋을 때
3. 전날 과음했거나 수면 부족 시에는

[하체부실-상체 위주의 셋업]을 하게 되니 이런 날에는 다른 스윙 생각은 하지 말고, '발바닥만 땅에 심자'라고 하는 스윙키만 생각하면서 셋업하고 스윙해 보라. 죽는 볼은 나오지 않을 것이다.

| 연습 방법 |

1. 연습장(빈) 타석을 잡는다.

2. 선택한 클럽에 따라 스탠스의 폭을 먼저 잡는다.

3. 발바닥 전체로 땅속을 파고드는 이미지를 상상한다.

4. 발바닥을 앞뒤로 2~3회 굴러준다.

5. 양발바닥 안쪽에 힘이 집중되는 느낌을 확인한다. 동작이 제대로 된 것이다.

6. 발바닥이 지면에 딱 붙었다고 느껴지면 볼을 하나 쳐 본다. 계속 발바닥에만 집중하고 친다.

7. 그리고 피시니를 풀고, 처음부터 다시 셋업 루틴을 시작하면서 [발바닥 심기]를 해 본다.

8. 위와 같은 방법을 계속 반복해서 한다.

| 연습 스윙키 |

셋업 시 작게 외치면서 자신에게 상기시킨다.

셋업에 들어가서 발바닥을 앞뒤로 꼬물꼬물하면서 잔디에 심는 이미지를 상기시킨다. '발바닥 셋업'을 하고 나서 볼을 하나 친다(자신만의 느낌을 바탕으로 자신의 스윙키를 만들어 보자/위는 예시).

1 단계 | 셋업

1-보너스 셋업 루틴(Routine) 만들기

볼을 잘 치는, 스코어를 내는 제1의 방법은 자신만의 셋업 루틴을 갖는 것이다. 셋업을 별로 신경 쓰지 않고 할 수 있으면 타겟에 대한 집중력을 높일 수 있기 때문이다. 셋업 동작을 무의식적 레벨까지 올려주는 수단이 셋업 루틴이다.

루틴(Routine)이란 정해진 시간 내에 해야 할 행동들을 무의식적으로, 순서적으로 행하는 절차이다. 셋업 루틴은 볼 뒤쪽에서 타겟방향을 바라볼 때부터 시작된다.

프리샷 루틴 Pre-Shot Routine

샷을 하기 전, 정해진 절차에 따라 몸과 마음을 준비해 나가는 과정을 프리샷 루틴이라고 한다. 샷을 한 후에 행하는 포스트샷 루틴(Post-Shot Routine)도 있지만 흔히 루틴이라고 할 적에는 셋업을 위한 프리샷 루틴(셋업 루틴)을 말한다. 좋은 루틴은 몸의 긴장감을 풀어주고 마음을 온전히 타겟에만 집중시켜 준다.

트러블 라이(Trouble Lie : 볼이 치기 쉽지 않게 놓인 상태, 실수가 쉽게 발생한다)에서는 어떻게 쳐서 볼을 빼낼까 하는 타겟 생각보다 잘못 치면 큰일인데 하는 걱정 때문에 몸은 더 긴장되고 타겟에 대한 생각은 약해진다. 트러블 라이일수록 좋은 루틴, 강한 루틴을 가져야 한다.

연습 방법

1. 드라이브를 꺼낸다(드라이브 셋업 루틴 기준).

2. 티박스나 타석 뒤에 서서 볼을 보낼 방향타겟을 선정한다(기둥, 클럽하우스, 조명탑 등).

3. 방향타겟으로 보내기 편한 티박스 내 한 지점에 볼을 티업한다(연습장에서는 고정된 티업 위치를 활용한다).

4. 2~3번 정도 가볍게 연습스윙을 한다.

5. 방향타겟과 볼을 연결하는 가상의 선을 긋고, 볼 앞 30㎝~1m 지점에 중간타겟을 선정한다. 중간타겟에만 집중, 이동하여 셋업에 들어간다.

6. 오른손으로 클럽을 가볍게 잡고, 클럽헤드를 중간타겟과 스퀘어가 되게 놓는다.

7. 몸을 중간타겟 라인과 평행하게 정렬한다.

8. 그립을 최종적으로 잡아 완성한다.

9. 발바닥을 땅에 심고 봄의 파스처(지세)를 잡는다.

10. 방향타겟을 1~2회 확인하고 스윙한다.

- 위에 제시한 셋업 루틴을 참고로 자신만의 루틴을 만들어 나간다.

2단계
테이크어웨이의 핵심동작 5개와 연습법

TAKEAWAY

The arc of swing doesn't have a thing to do with the size of your heart.

스윙아크(스윙의 폭)는 당신의 심장의 크기와는
아무런 상관이 없다.

2단계 테이크어웨이
TAKEAWAY

[스윙의 크기(Swing Width)와 스윙 Path(길)를 결정하는 단계이다. 말 그대로 클럽헤드를 멀리(Away) 보낸다는 것에 초점을 두면 쉽게 만들 수 있는 동작이다.]

자연스럽게 회전하는 동작이 아니기에 의식적으로 만들어야 가능한 동작들이다. 몸의 움직임에 집중하며 연습해야 제대로 만들 수 있다.

★ 테이크어웨이 시에 연습해야 하는 스윙동작 5

2-① 클럽헤드 뒤로 쭉 보내기

2-② 클럽헤드 천천히 낮게 빼기

2-③ 모두 함께 가기

2-④ 오른쪽 무릎 잡기

2-⑤ 왼쪽 어깨 턴하기

2 단계 | 테이크어웨이

2-① 클럽헤드 뒤로 쭉 보내기

백스윙에서 헤드가 빠지는 길은 3가지이다.
타겟라인(볼과 중간타겟을 연결한 선)을 중심으로
　① 밖으로(Out)
　② 타겟라인 선상으로 바로(Straight)
　③ 안으로(In)

어떤 샷을 만들 것인가에 따라 헤드의 길은 달라지나 이 책에서 만들고자 하는 샷은, 스트레이트 장타 샷이기에 ②번인 스트레이트로 바로 빼는 길이 맞는 길이다.

잘못된 동작 '안으로 빼기'

아마추어 골퍼의 80% 이상이 테이크어웨이 단계 제1동작에서 클럽헤드를 뒤로, 멀리 빼지 못하고 안으로, 가깝게 빼는 잘못된 동작을 하고 있다. 마음이 급하거나 회전운동을 잘못 이해해서 앞페이지의 ③의 방향인 안(In)으로 가는 길을 택한다. 슬라이스와 훅의 주원인으로 작용한다.

X 안으로(In)　　　O 똑바로(Straight)

Back과 Away의미

영국에서 골프용어를 만들 때 그냥 만들지 않았다.
그 단계의 동작을 가장 잘 설명해주는 용어로 정의했다.
셋업부터 백스윙탑까지 백스윙(Backswing)이라고 하는데 여기서 'Back'의 의미는?
백스윙 1단계를 테이크어웨이(Takeaway)라고 하는데 여기서 'Away'의 의미는?

타겟의 방향이 앞(Front)이면, 타겟반대 방향인

클럽헤드를 뒤로, 멀리 보낸다의 의미를 표현하고 있다.

Back과 Away 모양

클럽헤드 페이스가 계속 볼을 보고 있어야 한다. 왼손이 오른 허벅지를 지날 때까지 클럽헤드 페이스를 셋업 때의 모양과 같이 유지한다. 이후 왼쪽 어깨 회전과 함께 클럽헤드가 회전하면서 허리 레벨에서 테이크어웨이 포지션이 만들어지게 된다.

| 연습 방법 |

1. (빈) 타석이나 거실의 요가매트에 자리잡는다.

2. 1단계 셋업 동작을 확실히 만들고 셋업한다.

3. '클럽헤드만 뒤로, 멀리 보내자'는 생각에만 집중한다.

4. 왼손이 오른쪽 허벅지 앞에 올 때까지 클럽페이스가 볼을 보도록 유지한다.

5. 하체의 움직임은 최소화한다.

6. 그 상태에서 다시 반대 방향인 타겟 쪽으로, 클럽페이스를 스퀘어로 유지하면서 오른손이 왼쪽 허벅지 앞에 올 때까지 진행시킨다(왔다 갔다 스퀘어 왕복운동 드릴).

7. 위 과정을 3회 반복적으로 해 보면서 클럽페이스 스퀘어 백(Back)과 스퀘어 프런트(Front)의 느낌을 찾아본다.

8. 이제 셋업에서 '헤드 뒤로 보내기'에만 집중하고 볼을 하나 친다.

9. 2번부터 다시 반복하면서 연습한다.

| 연습 스윙키 |

셋업 루틴을 끝내고 백스윙 시작하기 전 속삭이자.

테이크어웨이 시 다른 생각하지 않고 클럽헤드만 타겟 반대 방향인 뒤로 바르게 쭉 뺀다는 것에 집중한다. 그리고 볼을 하나 친다(자신만의 느낌을 바탕으로 자신의 스윙키를 만들어 보자/위는 예시).

2단계 | 테이크어웨이

2-② 클럽헤드 천천히 낮게 빼기

셋업에서 테어크어웨이할 때 클럽헤드를 천천히 낮게, 뒤로 빼는 동작이다. 헤드의 속도와 높이에 대한 동작인데 빨리 때리고 싶은 잘못된 생각 때문에 절대로 쉽지 않다. 많이 들어서 알고 있는데도 잘 안되는 동작이다.

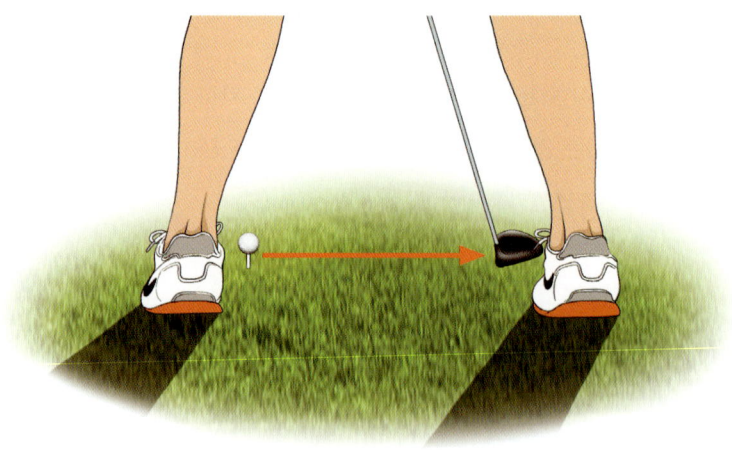

필드에서 동반자의 티샷 테이크어웨이를 지켜보라.
헤드가 이렇게 낮게 빠지는 동반자가 얼마나 있나?
티업된 볼의 높이와 수평을 이룬다.

잘못된 동작 '급하게 높게 빼기'

클럽헤드를 천천히 낮게 빼지 못하고, 급하게 높게 빼는 가장 큰 원인은 연습의 부족이다. 테이크어웨이 동작을 만드는 근육은 일상속에서 사용하는 근육이 아니기 때문에 처음에는 굉장히 어색하고 어렵게 느낄 것이다. 많이 사용하지 않는 근육을 활용하기에 익숙한 동작으로 만들어 가는 데는 절대적인 연습시간이 필요하다.

다음 원인은 멘탈적인 문제이다. 본능적으로 때리려고 하는 마음에 클럽헤드가 뒤로 가야 하는 백(Back)스윙이 되지 못하고,

위로만 올라가는 업(Up)스윙이 되기 쉽다.

천천히 준비하고 과감하게 때려야 한다.

준비되지 않은 상태에서

급하게 때리면 망한다.

급하고 높은 테이크어웨이를 하게 되면 힘없는 백스윙이 만들어져 볼을 멀리 부낼 수 없게 되다.

템포와 리듬

스윙을 배우면서 제일 많이 듣는 말 중에 하나가 템포(Tempo)와 리듬(Rhythm)일 것이다. 그러나 그 의미를 제대로 알고 제대로 자기 스윙에 반영하는 선수는 많지 않다.

템포 Tempo : 스윙의 속도, 빠르기

The speed of the swing

예) 백스윙 템포가 너무 빠른 것 아닌가?

리듬 Rhythm : 스윙의 전체적 흐름, 박자

The coordination of movement during the golf swing

예) 스윙은 좀 빠른데 전체적 리듬은 좋네!

스윙 7단계에서 어느 단계는 느리고, 어느 단계는 빠른지 그리고 그 밸런스는 어떤지 제대로 알고 자신의 템포와 리듬을 챙기는 것은 스윙의 일관성을 확보하고, 나아가 볼의 일관성을 보장받게 한다.

볼과 헤드의 높이 비교

왼손이 오른 허벅지까지 이동했는데도 클럽헤드의 높이는 셋업 때와 거의 동일하게 유지되고 있어 낮게 천천히 이동했음을 보여 주고 있다.

장타스윙의 기본인 빅스윙 아크(Big Swing Arc: 스윙 원의 크기)를 만드는 결정적인 동작이다.

| 연습 방법 |

1. (빈) 타석이나 거실의 요가매트에 자리잡는다.

2. 1단계 셋업 동작을 확실히 한다.

3. 앞선 동작 '뒤로 쭉 보내기'와 연계하여 연습한다.

4. '뒤로 천천히 그리고 낮게 가자'라는 생각에만 집중한다(Back, Slow, Low=BSL).

5. 방향과 속도, 높이까지 3가지를 컨트롤해야 한다.

6. 최대한 천천히, 낮게 빼는 연습을 반복한다.

7. 왼손이 오른쪽 허벅지까지 왔을 때 클럽헤드 포지션(뒤로, 낮게)을 확인해 보고 그때의 속도감을 느껴 본다.

8. 위 과정을 셋업에서 시작하여 3회 반복 연습하며 자신만의 '천천히'의 속도감과 '뒤로', '낮게'의 방향감을 찾아간다.

9. 테이크어웨이 BSL(Back + Slow + Low)만 생각하고 볼을 하나 쳐 본다. 다른 스윙동작은 전혀 신경 쓰지 않는다.

| 연습 스윙키 |

셋업 루틴 끝내고 백스윙 시작하기 전 속삭이자.

'낮게 쭉~!' 스윙키에 천천히라고 하는 템포를 포함시켜 만드는 것이 효과적이다. '낮게 쭈우~~욱'처럼 늘어지게 해라. 이제 '낮게 쭉~!'에만 집중하고 볼을 쳐 본다(자신만의 느낌을 바탕으로 자신의 스윙키를 만들어 보자/위는 예시).

2 단계 | 테이크어웨이

2-③ 모두 함께 가기

클럽헤드를 뒤로, 천천히, 낮게 빼는 것이 테이크어웨이 단계의 핵심인데 이를 가능케 해주는 통합 동작이다.

손이나 팔, 어깨 어느 하나가 주도적인 역할을 하는 것이 아니라 모두 함께 자기의 역할을 동시에 수행(Connection 동작)하면서 테이크어웨이 동작을 만들어 내는 것이다.

셋업과 테이크어웨이 1단계 때 상체의 모양을 비교해 보라.
테이크어웨이 때의 상체 모양이 어느 하나 튀지 않고 조화롭게 해당 부위들이 셋업 때의 모양을 그대로 유지하고 있다.

컨넥션 Connection

아마추어와 프로의 차이 중 하나가 이 컨넥션의 개념이다. 클럽을 잡고 있는 손과 팔 그리고 어깨, 상체의 자세 모두가 함께 조화롭게 가느냐 아니면 어느 하나가 튀게 되어 조화롭지 못하게, 안 예쁘게 가느냐 하는 것이다. 이 개념이 컨넥션이다.

컨넥션은 따로 노는 것이 아니라 함께 더불어 같이 가는 것이기에 처음에는 그 느낌이 굉장히 경직되어 이렇게 해서 볼을 맞출 수 있을까 걱정되기도 한다. 그러나 그리한 느낌이 오면 컨넥션 테이크어웨이를 제대로 하고 있다고 믿으면 된다.

컨넥션 삼각형 Connection Triangle

양팔과 어깨에 의해 만들어진 삼각형을 최대한 유지한다.

셋업에서 만들어진 삼각형을 테이크어웨이 단계 동안 그 모양을 그대로 가져가는 것이다.

로리 맥길로이의
스윙키: 테이크어웨이에서 찾다.

A big key for me is the first two feet of the swing. I want everything – hands, arms, shoulders, club – moving back together. I sometimes roll the club inside with my hands, then I have to re-route it coming down. That's hard to do consistently.

I need to start back straighter, with the clubface looking at the ball longer, and let my body turn move the club to the inside. When I get those first two feet right, the rest feels easy

내 스윙을 여는 중요한 키는 스윙의 첫 2피트(약 60cm)이다. 나는 모든 것-손, 팔, 어깨, 클럽-이 함께 뒤로 움직이길 원한다. 나는 때때로 손으로 클럽을 회전시켜 안쪽으로 빼곤 한다. 이는 일관성 있게 하기 힘든 동작이다.

클럽이 볼을 오랫동안 볼 수 있게 똑바로 뒤로 클럽헤드를 보내려고 하고, 그리고 나서 몸의 회전으로 클럽을 안쪽으로 보낸다. 스윙의 첫 2피트(테이크어웨이 구간)를 제대로 할 때 나머지 스윙도 편안하게 느껴진다.

연습 방법

1. 이번 동작 '모두 함께 가기'를 통해 헤드가 뒤로, 천천히, 낮게 가는 것 (앞선 BSL동작)을 만들어 가는 것이 목적이다.

2. (빈) 타석이나 거실의 요가매트에 자리잡는다.

3. 1단계 셋업 동작을 확실히 한다.

4. 우측 발 앞(타겟라인 선상)에 볼을 하나 놓는다.

5. 왼쪽 팔을 미는 느낌으로 컨넥션 삼각형의 이미지를 생각하며 클럽헤드를 그대로 뒤로 뺀다.

6. 헤드가 우측 발 앞에 놓인 볼을 터치할 수 있게 방향과 높이에 집중한다.

7. 경직된 느낌이 자연스럽게 될 때까지 다시 셋업으로 돌아가서 계속 위의 과정을 반복 연습한다.

8. 3회 정도 연습하고 한번 볼을 친다. 볼을 칠 때는 '모두 함께 가기: 컨넥션 Connection'에만 집중하고 다른 스윙동작은 전혀 신경 쓰지 않는다.

| 연습 스윙키 |

셋업 루틴 끝내고 백스윙 시작하기 전 속삭이자.

셋업 때의 상체 모양을 그대로 유지하기 위해 관련된 신체 부위를 다 같이 함께 움직이면서, 클럽헤드를 뒤로 쭉 빼는 이미지를 그리자. 이 스윙키만 생각하며 볼을 계속 쳐 본다(자신만의 느낌을 바탕으로 자신의 스윙키를 만들어 보자/위는 예시).

2 단계 | **테이크어웨이**

2-④ 오른쪽 무릎 잡기

셋업 때의 무릎 포지션을 테이크어웨이 때도 그대로 유지하는 동작이다. 테이크어웨이 1단계에서 상체가 클럽헤드를 뒤로, 천천히, 낮게 보낼 때 하체는 셋업 때의 자세-무릎의 위치, 무릎의 굽힘 정도-를 그대로 유지하는 것이다.

셋업 때와 같이 무릎이 펴지지 않고 굽힘(Flex)의 각도가 그대로 유지되고 있다. 우측으로의 스웨이(Sway) 현상을 방지하는 역할을 한다.

잘못된 동작 '하체 옆으로 가기'

상체가 오른쪽으로 움직일 때 하체가 같이 따라 움직이면서, 오른쪽 무릎과 오른쪽 힙이 오른쪽(타겟 반대 방향)으로 밀리는 현상은 거리가 나지 않는 골퍼에서 쉽게 찾을 수 있다. 흔히 말하는 스웨이 현상이다.

스웨이(Sway: 전후 좌우로 흔들리다) 현상

스윙의 기본인 상하체 분리를 방해하는 요소로 파워의 손실로 힘을 실어 볼을 때릴 수 없게 된다. 장타를 만들기 위해서 반드시 막아야 하는 현상이다.

무릎 위치 그대로

셋업 때와 마찬가지로 테이크어웨이가 완성된 시점에서도 무릎의 위치가 그대로 유지되고 있어야 한다. 오른발로의 체중이동이 시작되고 있어도 무릎의 위치와 각도를 동일하게 유지한다.

백스윙 시 상하체 분리를 완성하는 기초가 되며, 에너지를 비축하는 근간이 된다.

연습 방법

1. 이제 테이크어웨이에 있어 상체 주도의 동작 ①②③ (BLS+Connection)이 완성되었다.

2. (빈) 타석이나 거실의 요가매트에 자리잡는다.

3. 1단계 셋업을 확실히 한다.

4. 특히 1단계의 '발바닥 심기' 동작을 재확인한다.

5. 오른쪽 다리 안쪽에 힘이 모이게 자세를 잡는다.

6. 상체는 신경 쓰지 말고 하체, 특히 오른쪽 다리의 자세와 위치가 변하지 않게 테이크어웨이해 본다.

7. 오른쪽 다리 안쪽으로 긴장감과 버티려는 힘을 강하게 느껴 본다.

8. 하체가, 특히 무릎이 지켜질 때까지 3회 빈 스윙으로 연습한다.

9. '오른쪽 다리를 지킨다'는 생각에만 집중하고 볼을 한번 쳐 본다. 위 과정을 반복 연습한다.

| 연습 스윙키 |

셋업 루틴 끝내고 백스윙 시작하기 전 속삭이자.

셋업 후 테이크어웨이 1단계에서부터 클럽을 뒤로 쭉 빼면서 하체, 특히 오른쪽 다리와 무릎을 더 강하게 잡고 버티는 동작을 연상케 하는 스윙키를 활용한다. 이 스윙키만 생각하고 전체 스윙을 한다(자신만의 느낌을 바탕으로 자신의 스윙키를 만들어 보자/위는 예시).

2 단계 | **테이크어웨이**

2-⑤ 왼쪽 어깨 턴하기

테이크어웨이 단계를 완성시키는 왼쪽 어깨 턴하기 동작이다. 왼손이 오른쪽 허벅지 앞에 오게 되면 그때가 왼쪽 어깨 턴 타이밍이다. 손은 별다른 역할을 하지 않고 셋업 때의 일정한 그립감만 유지하며 왼쪽 어깨로 테이크어웨이 포지션을 만든다.

어깨에 의한 최초의 회전운동이 일어나는 시기이다. 팔과 상체에 의한 동작들이 일어나고, 마지막에 발생하는 것이 어깨 회전이다.

잘못된 동작 'Out/In 테이크어웨이'

클럽헤드를 너무 바깥쪽으로 빼거나 너무 안쪽으로 뺏을 경우, 또는 팔 주도에 의해서 어깨 턴이 되지 않는 경우는 스윙 Path(길)도 깨지고 파워 축적도 되지 못한다. 따라서 다운스윙의 길도 틀려지고 임팩트 때 제대로 볼을 맞출 수 없게 된다.

너무 바깥쪽 **Out**   너무 안쪽 **In**

테이크어웨이 완성 모습

빅 스윙아크(Big Swing Arc)에 의한 완성

오른팔이 왼팔보다 위에 있어
정면에서 오른팔을
볼 수 있다.

뒤에서 볼 때 손의 위치
(몸과의 거리)가 셋업 때와
동일해야 하고
몸과 팔 사이에 넉넉한 공간이
존재한다.

| 연습 방법 |

1. 이제 '함께 모두 가기'로 상체 스윙동작 ① ② (BSL)가 완성되었고, 동작 ④ '오른 무릎 잡기'로 하체동작까지 완성되면서, 테이크어웨이 마지막 동작인 '왼쪽 어깨 턴'을 연습할 타이밍이다. 어깨 턴은 빨리하는 것도 문제지만 늦어져도 스윙의 밸런스가 무너진다.

2. (빈) 타석이나 거실의 요가매트에 자리잡는다.

3. 1단계 셋업 동작을 확실히 한다.

4. 하체를 잡고, 왼팔에 의한 컨넥션 테이크어웨이로 클럽헤드를 뒤로, 천천히, 낮게 뺀다.

5. 왼손이 오른쪽 허벅지를 지나는 순간 왼쪽 어깨에 의한 턴을 시작한다.

6. 손과 손목은 셋업의 그립감을 그대로 유지하며 클럽을 잡고 간다. 손이 허리 높이에 오면 중단한다. 3번부터의 과정을 3회 반복 연습한다.

7. 3회 연습 후 한번 볼을 쳐 본다. 어깨 턴에만 집중하고 친다. 다른 스윙 동작은 신경 쓰지 않는다.

| 연습 스윙키 |

셋업 루틴 끝내고 백스윙 시작하기 전 속삭이자.

테이크어웨이 1단계에서 헤드를 '쭉~' 뒤로 빼고 2단계에서 왼쪽 어깨의 '턴!'을 시작하는 스윙키를 활용한다. 이 스윙키만 생각하고 볼을 하나씩 쳐 보면서 전체 스윙리듬을 함께 만들어 간다(자신만의 느낌을 바탕으로 자신의 스윙키를 만들어 보자/위는 예시).

3단계
백스윙탑의 핵심동작 5개와 연습법

BACKSWINGTOP

You don't hit anything on the backswing, so why rush it?

백스윙 때 볼을 치는 것이 아니다. 그런데 왜 그렇게 급하게 서두르는가?

— 도그 포드 Doug Ford

3단계 백스윙탑
BACKSWINGTOP

[백스윙의 완성 단계로 1차 상하체 분리와 체중이동이 이루어지고, 진실의 순간인 임팩트를 위한 에너지가 모아진다.]

상하체의 분리와 꼬임현상으로 몸과 근육 곳곳에서 아주 팽팽한 긴장감을 느낄 수 있어야 한다.

긴장감(Tension)이 스윙 에너지(Swing Energy)이다.

★ 백스윙탑 시에 연습해야 하는 스윙동작 5

3-① 오른쪽 다리 버티기

3-② 왼팔 밀면서 왼쪽 어깨 턴

3-③ 등을 타겟으로 보내기

3-④ 오른쪽 팔꿈치 땅으로

3-⑤ 오른팔 'ㄷ'자 만들기

3 단계 | **백스윙탑**

3-① 오른쪽 다리 버티기

테이크어웨이 단계에서 잡고 있던 오른쪽 무릎의 위치와 각도를 백스윙탑까지, 끝까지 저항하며 버티는 동작이다. 오른쪽 다리 안쪽으로 힘과 긴장감을 강하게 느끼는 포지션이다.

셋업 때의 무릎 각도가 백스윙탑까지 지켜지고 있다. 하체 회전을 최대한 억제(45도 내외)하면서, 상체 회전의 극대화(90도 이상)를 통해 상하체 분리를 확보한다. 45도 이상의 분리각이 만들어진다.

잘못된 동작 '펴진 오른쪽 다리'

뒤로(Back) 백스윙이 되기 보다 위로(Up) 백스윙이 되면, 상체가 치켜 세워지고 하체도 따라 펴지게 되는 전형적 잘못된 동작이 나오게 된다. 일반 골퍼의 가장 흔한 스윙 오류이다.

펴진 다리로 인해 하체에 의한 체중이동과 파워를 사용할 수 없게 된다.

상하체 분리가 우선이다

상하체가 동시에 회전을 많이 하는 것이 아니라 상하체의 분리를 위해 하체는 적게, 상체는 많이 회전을 해야 분리가 완성된다.

분리가 파워이다.

볼을 때리려고 하는 마음이 앞서면 하체를 신경 쓰지 못하고 상체, 팔 위주의 백스윙이 된다. 어깨도 회전하지 못하고 하체는 힘없이 따라가기 마련이다. 백스윙은 볼을 때리는 단계가 아니다. 볼을 때리기 위한 에너지를 축적하며 준비하는 단계이다. 하체의 버팀, 저항으로 에너지를 모으면서 백스윙을 만들어 가자.

긴장감이 팽팽한 오른쪽 다리

체중이 실린 느낌과 긴장감을 느끼는 포인트는

① 오른 무릎 안쪽과

② 오른발 안쪽이다. 오른쪽 다리가 팽팽하게 긴장하고 있으면 바른 백스윙을 만든 것이다.

연습 방법

1. (빈) 타석이나 주위 시선이 없는 곳에 자리한다.

2. 1단계 셋업 동작을 확실히 하면서 셋업한다.

3. 익숙해진 2단계 테이크어웨이 동작을 다시 집중하며 만들어 본다.

4. 테이크어웨이 포지션(손이 허리선상)에서 하체는 강하게 버티면서 오로지 상체, 왼쪽 어깨 회전에 의해 백스윙탑을 만들어 본다.

5. 백스윙탑에서 오른쪽 다리가 셋업 때처럼 끝까지 자신의 위치와 각도를 지키고 있는지 확인한다.

6. 아무 생각 없이 상체 위주의 백스윙을 하더라도 오른쪽 다리 안쪽에 팽팽한 긴장감을 느끼면 동작이 잘 만들어진 것이다.

7. 셋업에서부터 오른쪽 다리만 신경 쓰면서 볼을 하나 쳐 본다. 위 과정을 반복해서 연습한다.

| 연습 스윙키 |

셋업에서 테이크어웨이하기 전, 오른발 안쪽에 힘주고 나서 '오른쪽 다리 끝까지 버티면서 백스윙탑까지 가자'라고 자신에게 셀프토크한다.

오른쪽 다리가 무너지면 스윙댐(Swing Dam:스윙의 큰틀)이 무너진다고 볼 수 있다. '버티고~~'에만 집중하고 전체 스윙 리듬속에서 볼을 하나씩 쳐 본다(자신만의 느낌을 바탕으로 자신의 스윙키를 만들어 보자/위는 예시).

3단계 | **백스윙탑**

3-② 왼팔 밀면서 왼쪽 어깨 턴

백스윙 시 상체의 긴장감은 왼팔과 상체 왼쪽 사이드 근육의 스트레칭(Stretching)에서 만들어진다. 고무줄을 당기면 긴장감이 발생하듯 왼팔을 타겟 반대편으로 밀어주는(Push) 동작과 그와 동시에 왼쪽 어깨를 계속 턴하는 동작이다.

백스윙은 상체의 스트레칭 동작이 먼저 일어나고, 회전운동이 일어난다.

잘못된 동작 '위로 힘없이 올라간 왼팔'

왼팔과 왼쪽 사이드의 팽팽한 긴장감을 전혀 느낄 수 없이 그냥 힘 없이 위로 (Up) 올라간 백스윙탑 모습. 백스윙의 목적 중 하나인 에너지의 축적은 전혀 보이지 않는다.

다운스윙 때 손목이 빨리 풀리는 현상(캐스팅 Casting)의 원인이 되어 뒤땅과 탑볼이 나오게 된다.

왼팔을 쭉 밀어라, 스트레칭하듯

백스윙에서 왼팔의 움직임은 위로 많이 드는 것이 아니라 타겟과 반대 방향으로 최대한 밀면서 스트레칭해 주는 것이 바른 동작이다.

손과 가슴과의 거리를 멀게 한다는 이미지를 그리면 왼팔 스트레칭을 만드는 데 도움이 된다.

●●●
스트레칭 백스윙

위로만 높이 가는 느슨한(Loosened) 백스윙이 아니라 타겟 반대편인 뒤 (Back)로 타이트(Tight)하게 가서 만드는 스트레칭 백스윙의 모습을 잘 보여 주고 있다.

왼팔을 펴야 한다 접어야 한다는 생각보다 왼팔만 그냥 쭉 밀면서 왼쪽 어깨를 동시에 턴해 주면 파워 스트레칭 백스윙이 만들어진다.

| 연습 방법 |

1. (빈) 타석이나 주위 시선이 없는 곳에 자리한다.

2. 1단계 셋업 동작과 2단계 테이크어웨이 동작을 확인하면서 테이크어웨이 포지션까지 만들어 본다.

3. 테이크어웨이 포지션에서 왼팔을 쭉 밀면서 왼 어깨를 턴한다.

4. 가슴레벨에 왼팔이 왔을 때 왼팔이 클럽과 90도 각을 만들 수 있게 한다.

5. 왼팔 아래 부분으로 긴장감을 느끼면 동작이 제대로 된 것이다.

6. 그 상태에서 왼쪽 어깨 턴만 해서 백스윙을 만들어 본다. 3회 반복해서 한다.

7. 4회째는 어깨 턴이 완성된 백스윙탑 상태에서 그냥 볼을 하나 쳐 본다 (3:1원칙=3회 천천히 빈 스윙, 1회 볼 치기).

8. 위 과정을 반복 연습한다.

| **연습 스윙키** |

셋업에서 테이크어웨이 단계를 지나면서…

왼팔을 타겟 반대 방향인 뒤로 '밀면서', 왼쪽 어깨 동시에 '턴~!'. 팽팽한 고무줄이 계속 늘어나는 느낌으로 왼팔 스트레칭 동작에 집중한다. 이 스윙키만을 생각하며 볼을 하나씩 친다(자신만의 느낌을 바탕으로 자신의 스윙키를 만들어 보자/위는 예시).

3단계 | **백스윙탑**

3-③ 등을 타겟으로 보내기

왜 백스윙(Backswing)이라고 하는지에 대한 그 답을 주는 동작이다. 백(Back), 즉 등을 타켓으로 보내 주는 것이다. 왼 어깨가 90도 이상 턴해야 등을 확실히 타겟 쪽으로 향하게 할 수 있다. 이것이 말 그대로 백스윙이다.

백스윙탑에서 상하체 분리를 완성시켜 주는 핵심동작이다.

잘못된 동작 '팔 백스윙'

나는 등(Back) 백스윙을 하고 있는가?
팔(Arm) 백스윙을 하고 있는가?

골퍼들은 볼을 때리려는 마음이 항상 먼저다. 때리는 것은 등(Back)이나 하체가 아니기에 팔과 손이 먼저 움직이고 운동한다. 팔로만 백스윙하고 팔로만 때리려고 하니 백스윙이 다 되지 못하고, 거리도 안 나고 방향도 왔다 갔다 한다.

등을 과감히 타겟에게 보여 주자

가슴이 오른발 안쪽에 있는 느낌이 등을 타겟 쪽으로 보냈다는 증거이다.

왼 어깨도 오른발 안쪽에 있게 된다.

등(Back) 백스윙

등 백스윙은 인내가 필요하다. 급하게 때리려는 마음보다 제대로 준비해서 제대로 때리기 위해 어깨가 풀로 턴할 때까지, 등을 타겟으로 보여줄 때까지, 인내의 시간을 견뎌내야 만들어진다.

평소 백스윙 템포보다
2배 느리게 한다고 생각하면
'팔 백스윙'이 아닌 '등 백스윙'을
할 수 있는 시간을 확보할 수 있다.

| **연습 방법** |

1. (빈) 타석이나 주위 빈 공간에 자리한다.

2. 1단계 셋업 동작과 2단계 테이크어웨이 동작을 확인하면서 테이크어웨이 포지션까지 만들어 본다.

3. 테이크어웨이 포지션에서 등을 타겟으로 보여 준다는 생각으로 왼쪽 어깨를 최대한 턴한다.

4. 자신의 한계까지 턴해 본다. 하체는 반드시 잡고.

5. 왼쪽 어깨가 오른발 안쪽에 왔는가 확인해 본다.

6. 그 상태에서 등이 타겟을 향하고 있는가?

7. 최대한 천천히 하며, 등 근육이 늘어나고 긴장하는 것을 느낀다.

8. 3회 빈 스윙으로 연습하고 4회째 백스윙탑에서 볼을 하나 쳐 본다 (3:1원칙).

9. 위 과정을 반복 연습한다. 상하체 분리를 위해 최대한 하체를 잡고 해야 한다.

| **연습 스윙키** |

셋업에서 하체 단단히 잡고 자신에게 말하면서…

왼쪽 어깨를 최대한 턴하면서, 등을 타겟으로 향한다는 생각 하나만으로 볼을 하나씩 친다. 전체 스윙의 리듬을 챙기면서 한다(자신만의 느낌을 바탕으로 자신의 스윙키를 만들어 보자/위는 예시).

3단계 | 백스윙탑

3-④ 오른쪽 팔꿈치 땅으로

선수들도 잘 모르고 잘 안 되는 동작이 오른쪽 팔꿈치의 위치와 방향이다. 백스윙탑에서 오른쪽 팔꿈치가 땅을 향하고 있어야 하는 동작이며, 백스윙탑 단계 전체를 바르게 만드는 데 결정적인 역할을 한다.

오른쪽 팔꿈치는 다운스윙 Path(길)를 결정하고 헤드 스피드를 만들어 내는 파워 소스(Power Source: 파워를 만들어 내는 원천)이다.

잘못된 동작 '닭날개 백스윙'

닭날개, 치킨 윙(Chicken Wing)은 하늘을 나는 닭의 날개처럼 팔꿈치가 땅을 향하지 않고 공중을 향하고 있어 붙여진 이름이다. 정도의 차이가 있지만 대부분의 아마추어는 닭날개 백스윙을 하는 경우가 많다.

스윙 Path(길)가 Out-to-In으로 만들어지게 되는 핵심오류 동작이다. 이로 인해 주로 슬라이스가 발생한다.

오른 손바닥 하늘로

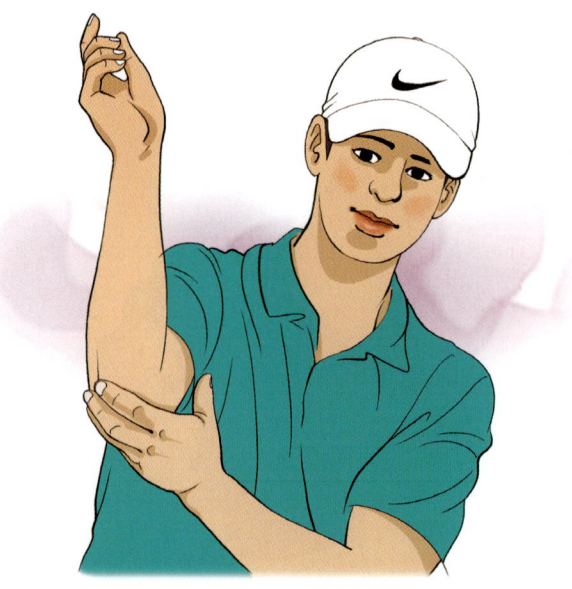

오른 손바닥을 하늘로 향하면서 마치 접시를 받치고 있는 모양새를 만들게 되면, 오른쪽 팔꿈치는 자연스럽게 안으로 들어오며 땅을 향하게 된다. 팔꿈치와 몸 사이에는 적당한 거리가 확보되어야 한다.

오른쪽 팔꿈치 보여 주기

스윙에서 오른팔의 역할이 시작되고, 중요성이 부각되는 타이밍이다. 평상시 활동에서 거의 쓰지 않는 근육을 활용해야 하기에 처음에는 굉장히 어색하다. 그러나 반드시 만들어야 하는 동작이다.

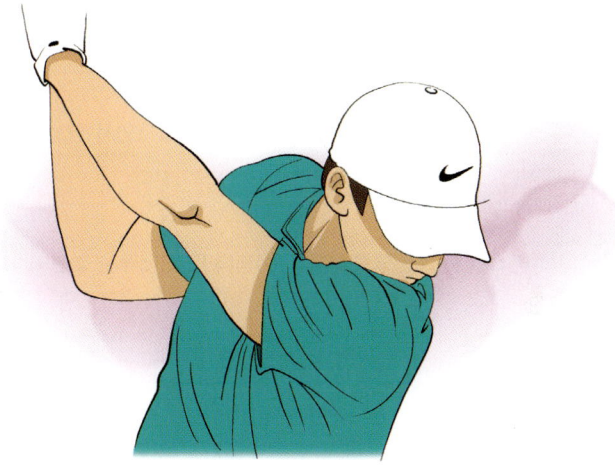

백스윙 과정 중 정면에서 보게 되면 쫙 펴진 왼팔 밑으로 오른쪽 팔꿈치가 보여야 한다.

| 연습 방법 |

1. (빈) 타석이나 주위 빈 공간에 자리한다.

2. 1단계 셋업 동작과 2단계 테이크어웨이 동작을 확인하면서 테이크어웨이 포지션까지 만들어 본다.

3. 하체를 잡고 등을 타겟으로 턴하면서, 오른쪽 팔꿈치가 땅을 향하는 자세를 의식적으로 만들어 본다.

4. 평상시 클럽 없이 오른팔로만 백스윙하면서 팔꿈치 각도와 방향을 익숙하게 해 놓으면 도움이 된다.

5. 오른쪽 팔꿈치가 몸을 벗어나지 않고, 몸 안에 있으면서 땅을 향하고 있는지 확인한다. 겨드랑이와의 적절한 거리도 찾아본다.

6. 타석이라면 3회 빈 스윙으로 해 보고 4회째 그 상태에서 볼을 하나 쳐 본다 (3:1원칙).

7. 위 과정을 반복 연습한다.

| 연습 스윙키 |

셋업에서부터 백스윙탑까지 오른쪽 팔꿈치에만 집중한다.

오른팔이 뻣뻣하게 느껴질 것이다. 상관없다. 반복하게 되면 자연스러운 동작으로 근육에 기억될 것이다. '팔꿈치 땅~!!' 만 생각하고 백스윙을 만들고 볼을 하나씩 친다(자신만의 느낌을 바탕으로 자신의 스윙키를 만들어 보자/ 위는 예시).

3단계 | **백스윙탑**

3-⑤ 오른팔 'ㄷ'자 만들기

가장 이상적 백스윙탑의 모양은 클럽 샤프트, 오른팔 하박부(Forearm)와 상박부(Uppearm)로 'ㄷ'자 블록을 만드는 것이다. 백스윙에서 축적된 파워를 제대로 다 담아 놓는 파워박스(Power Box) 동작이다.

백스윙탑에서 클럽 샤프트가 지면과 평행할 때 아름다운 'ㄷ'자가 만들어진다.

잘못된 동작 '무너진 ㄷ자 블록'

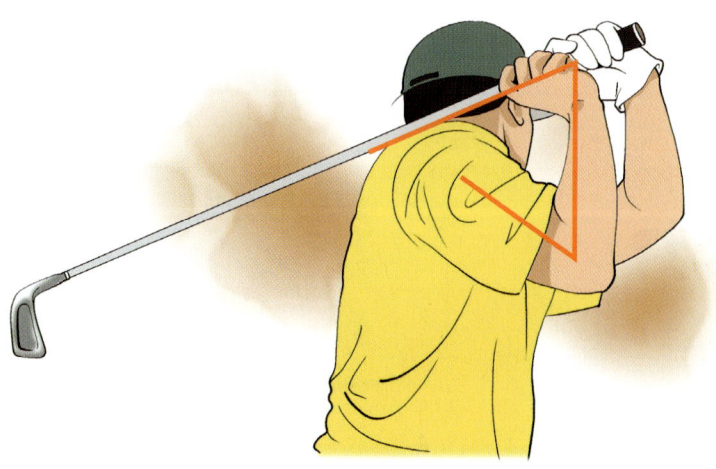

백스윙탑에서 팔꿈치가 너무 몸과 가깝고, 그립에 힘이 빠지면 그림과 같이 'ㄷ자'가 무너지는 현상이 생긴다. '힘 빼라'고 해서 그립의 힘을 빼면 안 된다.

그립감은 5~7 정도(10이 꽉 쥐었을 때) 일정하게 유지하며, 오른쪽 팔꿈치를 겨드랑이에 바짝 붙이기보다 일정거리를 두고 만들어야 한다.

파워 박스 Power Box

마치 네모난 상자 블록을 만들 듯 오른팔과 손목, 클럽 샤프트로 'ㄷ'자 블록을 만들자.

새로운 동작을 만들 때는 항상 근육의 긴장감(Tension)이 따라야 적합한 동작이 만들어진다. 팽팽한 긴장의 'ㄷ'자를 백스윙탑에서 느낄 수 있어야 한다. 바른 동작을 만들어 가는 연습단계에서 긴장감이 없는 스윙동작은 바른 동작이 아니라고 생각하면 된다.

백스윙 동작의 완성
(ㄷ자 블록)

1. 오른쪽 다리는 강하게 버티고 있고

2. 왼쪽 팔은 쫙 스트레칭되어 있으며

3. 등은 타겟을 향하고 있다.

4. 오른 팔꿈치는 땅을 향하고 있으며

5. 오른쪽 팔은 절도 있는 'ㄷ'자를 만들고 있다. 이제 백스윙이 바르게 만들어 졌으며 파워풀한 다운스윙을 시작할 타이밍이 온 것이다.

| 연습 방법 |

셋업에서 백스윙탑까지

1. (빈) 타석이나 주위 빈 공간에 자리한다.

2. 1단계 셋업 동작과 2단계 테이크어웨이 동작을 확인하면서 테이크어웨이 포지션까지 만들어 본다.

3. 하체를 잡고 등을 타겟으로 턴하면서, 왼팔을 쭉 편다. 오른쪽 팔에만 집중하면서, 'ㄷ'자 블록을 만들어 본다.

4. 평상시 클럽없이 오른쪽 팔로만 백스윙하면서 팔꿈치를 포함해 'ㄷ'자 블록 만들기를 반복한다.

5. 오른쪽 팔꿈치가 몸 안에 있으면서 겨드랑이와 적절한 거리를 유지하는지 확인한다.

6. 타석이라면 그 상태에서 그냥 볼을 하나 쳐 본다(3:1원칙=3회 천천히 빈 스윙, 1회 볼 치기).

7. 셋업부터 백스윙탑까지의 동작들을 반복 연습하면서 동작 완성도를 높인다.

| **연습 스윙키** |

셋업에서부터 백스윙탑까지 오른팔에만 집중한다.

오른손을 과감하게 코킹(Cocking: 뒤로 접기, 오른손 바닥을 하늘로 향하기) 하면서 'ㄷ'자 블록을 만드는 스윙키를 활용하자. 이 스윙키만 생각하고 볼을 하나씩 친다(자신만의 느낌을 바탕으로 자신의 스윙키를 만들어 보자/위는 예시).

4단계
다운스윙의 핵심동작 5개와 연습법

DOWNSWING

It is well known fact that downswing starts with the lower body.
But it is so difficult to find the amateur golfer who starts the
downswing with the lower body.

다운스윙을 하체부터 시작한다는 것은 많이 알려진 사실이다.
그러나 하체부터 다운스윙을 시작하는 아마추어 골퍼를 찾는 것은 쉽지 않다.

— 코치 TK

4단계 다운스윙
DOWNSWING

[다운스윙 단계는 파워풀한 임팩트를 위한 준비 단계이다.
지금 때리려고 덤벼서는 안 된다. 아직 좀 더 기다려야 한다.
바르고 강한 임팩트를 만들기 위해]

아마추어 90% 이상이 이 다운스윙 단계를 거치지 않고 바로 임팩트 동작을 만들려고 서두르다 스윙을 망친다. 백스윙탑에서 바로 임팩트로 가면 안되고, 반드시 다운스윙 단계를 거쳐 가야 한다.

★ 다운스윙 시에 연습해야 하는 스윙동작 5

4-① 왼발 확실히 밟기

4-② 오른 무릎, 왼 무릎 쪽으로

4-③ 왼쪽 힙 턴하기

4-④ 오른쪽 팔꿈치 붙이기

4-⑤ 코킹 유지하기

4단계 | **다운스윙**

4-① 왼발 확실히 밟기

흔히 전환(Transition)이란 동작인데, 백스윙에서 다운스윙으로 바뀔 때 무엇으로 전환을 주도할 것인가와 관련된 동작이다. 왼발을 강하게 밟으면서 땅에 심는 것으로 다운스윙을 시작한다(임팩트를 위한 체중이동의 시작).

백스윙탑에서 바로 때리려고 손을 쓰는 것이 전환이 아니라 체중이동을 위해 왼발을 밟고 나가는 것이 전환이다.

잘못된 동작 '오른발에 남은 체중'

체중이동 동작인 다운스윙 때 왼발 밟기가 안되면 상체에만 의존한 다운스윙과 임팩트가 된다. 체중이 가고 때려야 하는 데 가지도 않고 때리는 결과를 낳아, 올려 맞는 샷으로 거리의 손실을 보게 된다.

임팩트 체중이동의 시작

백스윙탑 때 오른발로 이동했던 체중을 왼발로 보내는 동작이다. 임팩트 때 체중을 실어서 때리기 위해 준비하는 것이다. 그래야 볼이 멀리 가고 장타가 나올 수 있다.

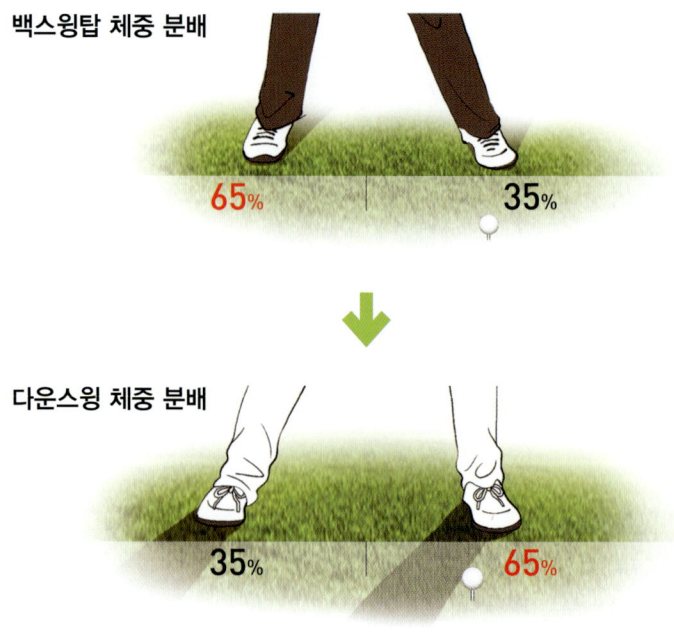

왼발 밑에 콜라 캔이 있다고 상상하자

과감하게 밟아서 재활용하기

다운스윙 전환 때 왼발을 수직으로, 밑으로 밟는 느낌을 찾아야 한다. 왼발을 땅에 심는다거나 캔을 밟아 찌그리는 이미지를 가지고 연습한다.

왼쪽 무릎이 타겟 쪽으로, 옆으로 많이 밀리게 되면 스윙의 축이 무너지면서 파워를 만들어 낼 수 없게 된다.

| 연습 방법 |

셋업 또는 백스윙탑에서 시작한다.

1. 연습장(빈) 타석에 자리잡는다.

2. 1단계 셋업과 2단계 테이크어웨이, 3단계 백스윙탑 동작까지 확인하면서 백스윙탑 포지션까지 간다.

3. 아니면 백스윙탑을 바로 만들고 시작해도 된다.

4. 백스윙탑에서 하체로 왼발 밟기를 해 본다. 상체가 자연스럽게 따라오면서 손이 그대로 밑으로 떨어지는지 확인한다.

5. 그 상태에서 왼발의 체중이동 상태를 확인한다.

6. 볼을 치지 않고 2~5의 과정을 3회 정도 해 본다.

7. 4회째는 다운스윙 때 '왼발 밟기만 제대로 하자'라는 생각에만 집중하고 볼을 하나 친다.

8. 위 과정을 반복적으로 연습한다.

| 연습 스윙키 |

셋업에서부터 피니시까지 스윙연습을 위한 스윙키

'하나~'는 셋업에서 백스윙탑까지의 템포
'왼발!(강하고 빠르게)'은 다운스윙 때 왼발을 땅과 수직으로 밟아주는 동작을 단순화시켜 스윙키 말로 표현한 것이다.

위의 스윙키에만 집중하면서 볼을 하나 하나씩 친다. 전체 스윙 리듬과 함께 하는 해당 동작 스윙키 연습이다(자신만의 느낌을 바탕으로 자신의 스윙키를 만들어 보자/위는 예시).

4단계 | **다운스윙**

4-② 오른 무릎, 왼 무릎 쪽으로

다운스윙은 몸의 아래 부분(down)인 하체가 주도해야 한다. 그 하나가 왼발을 밟는 것이고, 또 다른 하나는 오른발과 무릎을 왼쪽으로, 옆으로, 안으로 치고 들어가듯 기울이는 것이다.

하체 주도 다운스윙의 2번째 동작이다. 오른발이 옆으로 기울어지는 동작이다.

클럽헤드가 안쪽(In)에서 볼에 접근할 수 있게 만드는 핵심동작인데 슬라이스로 고생하는 골퍼들이 반드시 확인해 봐야 하는 동작이다.

잘못된 동작 '오른발 뒤꿈치 들기'

다운스윙 때 하체가 아닌 상체,

특히 오른손과 팔에 의한 다운스윙을 하게 되면

오른발 뒤꿈치가 빨리, 많이 땅에서 떨어지게 된다.

오른 무릎이 옆으로 이동할 시간을 뺏어

덮어 치는 샷이나 슬라이스가 나오게 된다.

체중이동의 가속

다운스윙 때 왼발 밟기에 의한 체중이동과 더불어 임팩트를 위한 체중이동을 가속화시키는 동작이다. 임팩트 때의 스윙 최저점(Bottom)이 셋업 때보다 타겟 쪽으로 이동하게 되어 아이언샷의 경우 소위, 눌러 치는 다운블로(Down Blow) 샷이 가능하도록 해준다. 볼보다 앞에 타겟 쪽으로 디보트(Divot: 클럽헤드가 잔디를 파고 지나간 자국)가 생긴다.

핸디캡별 스윙 최저점인 디보트 위치 예시

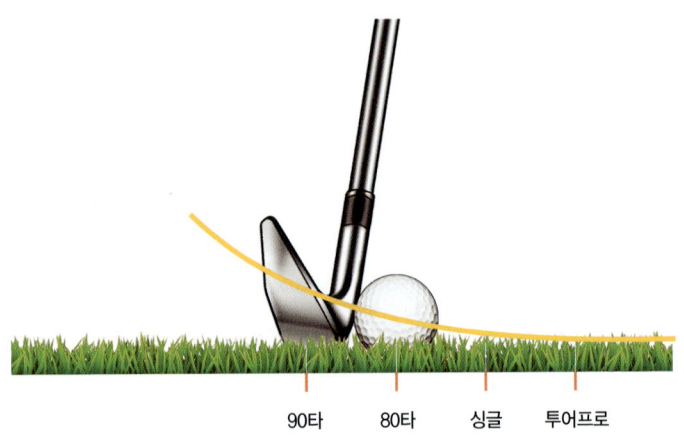

오른발과 무릎 킥인(Kick-In)

다운스윙의 핵심은 하체를 믿고 가는 구간이다. 상체가 딜리버리(Delivery) 포지션-다운스윙이 완성되는 시점인 손이 허리 레벨에 왔을 때의 자세-에서 파워풀한 임팩트를 할 수 있게 사전 정지 작업을 하는 것이다. 오른쪽 무릎이 왼쪽 무릎 쪽으로 안으로 치고 들어가야(킥인) 바른 다운스윙이 완성된다.

체중이동과 In-to-In 스윙 Path(길)를 쉽게 만들어 준다.

| 연습 방법 |

셋업 또는 백스윙탑에서 시작한다.

1. 연습장(빈) 타석에 자리잡는다.

2. 1단계 셋업과 2단계 테이크어웨이, 3단계 백스윙탑 동작까지 확인하면서 백스윙탑 포지션까지 간다.

3. 아니면 백스윙탑을 바로 만들고 시작해도 된다.

4. 백스윙탑에서 상체는 가만 놔두고, 하체로 왼발 밟기와 동시에 오른 무릎을 왼쪽 무릎 쪽으로 강하게 이동시킨다. 이때 클럽을 잡은 손과 팔은 자연스럽게 다운된다.

5. 오른쪽 발 뒤꿈치가 들리면서 회전하면 잘못된 동작이고, 오른쪽 발 안쪽 면이 왼쪽으로 기울어져야 바른 동작이다.

6. 볼을 치지 않고 2~5의 과정을 3회 정도 해 본다.

7. 4회째는 다운스윙 때 '오른쪽 무릎을 왼쪽 무릎 쪽으로 치고 가자' 라는 생각에만 집중하고 볼을 하나 친다.

8. 위 과정을 반복적으로 연습한다.

| 연습 스윙키 |

셋업에서부터 피니시까지 스윙연습을 위한 스윙키

'하나~'는 셋업에서 백스윙탑까지의 템포
'밟고-옆으로'는 왼발을 밟으면서 오른 무릎을 왼쪽 무릎 쪽으로 움직이는
동작을 단순화시켜 스윙키 말로 표현한 것이다.

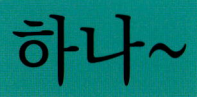

위의 스윙키에만 집중하면서 볼을 하나 하나씩 친다. 전체 스윙 리듬과 함께 하는 해당 동작 스윙키 연습이다(자신만의 느낌을 바탕으로 자신의 스윙키를 만들어 보자/위는 예시).

4 단계 | 다운스윙

4-③ 왼쪽 힙 턴하기

백스윙탑에서 만들어진 분리에 이어 임팩트를 위한 상하체 분리를 만드는 동작이 왼쪽 힙 턴이다. 다운스윙의 완성인 아래 그림의 딜리버리(Delivery) 포지션에서 보면 왼쪽 힙이 셋업 대비, 왼쪽으로 열려 있다는 것을 확인할 수 있다.

왼쪽 힙은 타겟라인 대비,
백스윙탑 시에는 약 45도 우측 회전에서,
다운스윙 시에는 약 30도 좌측
회전이 일어나고 있다.

잘못된 동작 '먼저 열리지 않는 힙'

백스윙은 상체가 주도하고 다운스윙은 하체가 주도해야 한다. 즉, 다운스윙 시 왼발과 왼쪽 힙이 먼저 그 역할을 해야 순서가 맞다. 그러나 하체 주도가 아닌 상체 주도의 다운스윙이 되면, 왼쪽 힙이 먼저 열려야 하는 스윙의 순서가 깨지면서 스윙 미스가 일어나게 된다. ①-②-③으로 풀리는 것.

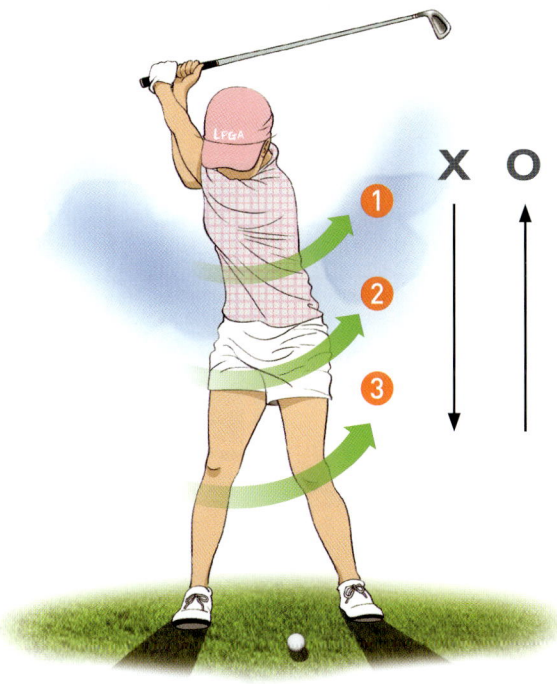

백스윙 때 감겨진 몸(Coiled Body)을 다운스윙 때는 순서대로(백스윙의 역순인 ③-②-①) 풀어야 바른 스윙 연속동작(Swing Sequence)이 만들어진다.

문을 열자 'Open the Door'

이제 다 왔다. 임팩트의 순간이다. 임팩트 때 오른쪽으로 마음껏 때릴 수 있게 왼쪽(타겟 쪽)의 공간을, 왼쪽 힙을 활용하여 열어두는 것이다. 열려야 닫을 수 있고, 열려야 때릴 수 있다. 상체에 의한 임팩트와 회전공간을 하체와 힙으로 미리 확보하는 것이다.

많이 열려 있어야 회전력에 의해 강하게 빠르게 닫을 수 있다. 하체로 문을 열고, 상체로 문을 닫는다(임팩트)는 이미지를 활용한다.

왼쪽 어깨는 따라가면 절대 안 된다

왼쪽 힙이 턴할 때 상체는 저항(Resistance)하며 따라가지 말아야 한다. 그래야 상하체 분리가 일어나고 임팩트존에서 상체의 회전력이 발생한다—상하체 45도 정도의 분리각 유지

★임팩트존(Impact Zone) : 타겟라인상에서 볼을 기준, 전후 각 30㎝씩 총 60㎝ 정도의 클럽헤드가 스퀘어하게 다니는 공간

백스윙탑에서의 1차 분리보다 10배 정도 만들기 어려운 동작이다. 하체의 빠른 힙 턴과 상체의 강력한 저항(같은 방향으로 돌지 않으려고 버티는 근육의 힘)이 반대로 작용해야 하기 때문이다.

| 연습 방법 |

셋업 또는 백스윙탑에서 시작한다.

1. 연습장(빈) 타석에 자리잡는다.

2. 1단계 셋업과 2단계 테이크어웨이, 3단계 백스윙탑 동작까지 확인하면서 백스윙탑 포지션을 만든다.

3. 아니면 백스윙탑을 바로 만들고 시작해도 된다.

4. 백스윙탑에서 상체에 신경 쓰지 말고, 먼저 왼발을 밟으면서 힙 턴을 해 본다.

5. 왼발로의 체중이동과 왼쪽 힙이 열려 있는가를 확인한다. 이 상태에서 가능하면 상체가 따라가지 않고 버티고 있는가도 확인해 본다. 왼쪽 힙은 열려 있고 왼쪽 어깨가 타겟방향이면서 위로 올라가 있으면 바르게 동작을 만든 것이다.

6. 볼을 치지 않고 2~5의 과정을 3회 정도 해 본다.

7. 4회째는 다운스윙 때 '왼쪽 힙 턴(Hip turn)을 강하게 하자' 라는 생각에만 집중하고 볼을 하나 친다.

8. 위 과정을 반복적으로 연습한다.

| 연습 스윙키 |

셋업에서부터 피니시까지 스윙연습을 위한 스윙키

'하나~'는 셋업에서 백스윙탑까지의 템포
'밟고-턴!'은 왼발을 밟으면서 왼쪽 힙을 강하고 빠르게 턴해 주는 동작을 단순화시켜 스윙키 말로 표현한 것이다.

위의 스윙키에만 집중하면서 볼을 하나 하나씩 친다. 전체 스윙 리듬과 함께 하는 해당 동작 스윙키 연습이다(자신만의 느낌을 바탕으로 자신의 스윙키를 만들어 보자/위는 예시).

4단계 | **다운스윙**

4-④ 오른쪽 팔꿈치 붙이기

이 동작은 왜 다운스윙이 down(아래로) 스윙인지를 말해준다. 백스윙 탑에서 만들어진 오른 팔꿈치(땅을 보고 있음)를 하체이동과 함께 아래로 다운시키며 옆구리 앞쪽 가슴에 붙이는 동작이다.

인사이드 스윙 Path(길)를 만들고 임팩트 이후의 강력한 릴리스를 가능케 해준다. 헤드가 손 뒤에서 따라 온다.

잘못된 동작 'Out에서 접근하는 헤드'

팔꿈치를 붙이는 동작이 아니라 손을 먼저 내리거나 손으로 때리려는 생각이 앞서면 클럽헤드가 손보다 먼저 앞으로 나오게 되는 문제가 발생한다.

오버더탑(Over-the-Top) 현상으로 헤드가 인사이드가 아니라 아웃사이드에서 볼로 접근하게 되어 Out-to-In의 잘못된 스윙 Path(길)가 만들어진다. 볼은 왼쪽으로 당겨지는 풀샷이 나오거나 슬라이스가 난다.

그대로 아래로 Down하라

백스윙탑에서 하체의 동작이 주도하는 다운스윙을 하게 되면, 탑에서 만들어진 팔과 손의 모양을 그대로 끌고 오면서 오른팔 팔꿈치와 상박부를 옆구리 앞쪽 가슴에 붙일 수 있게 된다.

다운스윙 때 정면에서 보게 되면 왼팔 밑으로 오른 팔꿈치가 보이는 것이 바른 동작이다. 백스윙탑에서의 모양을 그대로 끌고 내려오는 바른 다운스윙이 만들어지고 있다는 것을 보여 준다.

빈 공간 없이 스퀴즈(Squeeze)

다운스윙 때 오렌지를 짜듯이 오른팔 팔꿈치와 옆구리 앞쪽 가슴을 이용하여 백스윙 때 축적된 에너지를 전부 전달할 수 있게 하자. 그래야 파워 임팩트를 만들어 낼 수 있다.

위 그림의 딜리버리(Delivery) 포지션에서 보듯 오른팔 상박부와 몸통 사이에 빈틈이 없어야 한다.

| 연습 방법 |

셋업 또는 백스윙탑에서 시작한다.

1. 연습장(빈) 타석에 자리잡는다.

2. 1단계 셋업과 2단계 테이크어웨이, 3단계 백스윙탑 동작까지 확인하면서 백스윙탑 포지션을 만든다.

3. 아니면 백스윙탑을 바로 만들고 시작해도 된다.

4. 백스윙탑에서 다운스윙을 천천히 해 본다.

5. 하체의 리드로 상체가 따라갈 때 오른 팔꿈치를 옆구리에 붙인다고 생각한다. 때리려고 해서는 안 된다. 백스윙탑 시의 모양을 그대로 유지해야 한다.

6. 오른팔 팔꿈치와 상박부가 옆구리 앞 가슴쪽에 붙는가 확인한다. 가슴과 팔로 스퀴징(Squeezing)하는 느낌이면 제대로 만들어진 것이다.

7. 볼을 치지 않고 2~6의 과정을 3회 정도 해 본다.

8. 4회째는 다운스윙 때 '오른쪽 팔꿈치만 붙이자'라는 생각에만 집중하고 볼을 하나 친다. 임팩트 이후 팔이 쫙 던져지는 느낌이 오면 맞는 동작이다.

9. 위 과정을 반복적으로 연습한다.

| **연습 스윙키** |

셋업에서부터 피니시까지 스윙연습을 위한 스윙키

'하나~'는 셋업에서 백스윙탑까지의 템포
'붙여!'는 다운스윙 때 오른쪽 팔꿈치를 빠르고 강하게 다운하면서 옆구리에 붙이는 동작을 단순화시켜 스윙키 말로 표현한 것이다.

위의 스윙키에만 집중하면서 볼을 하나 하나씩 친다. 전체 스윙 리듬과 함께 하는 해당 동작 스윙키 연습이다(자신만의 느낌을 바탕으로 자신의 스윙키를 만들어 보자/위는 예시).

4단계 | **다운스윙**

4-⑤ 코킹 유지하기

본능과 싸우면서 지켜야 하는 다운스윙의 마지막 동작이다. 볼을 때리려는 본능이 빠른 코킹 풀림(Casting)을 가져오고 힘 없는 임팩트를 만든다.

백스윙탑에서 형성된 코킹(Cocking) 각도를 최대한 유지하며 딜리버리(Delivery) 포지션까지 갖고 내려와야 한다.

왼팔과 샤프트가 이루는 딜리버리 각은 90도 전후(프로인 경우 90도 미만).

캐스팅(Casting)과 래깅(Lagging)

캐스팅: 코킹된 손목이 일찍 풀리는 것

클럽헤드가 손보다 앞에 오게 된다.

아마추어의 흔한 잘못된 동작

다운스윙 때 손목이 일찍 풀려 뒤땅이나 탑볼을 치며 거리 손실을 가져온다(캐스팅).

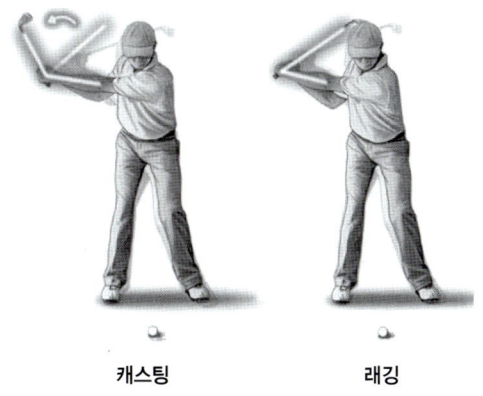

캐스팅 　　　　　래깅

래깅: 클럽헤드가 손보다 뒤에 있는 것

탑에서의 코킹 모양 유지할 때 가능하다.

우리가 만들고자 하는 동작

늦게까지 유지한 코킹의 레버리지(Leverage 지렛대) 효과로 임팩트 시 파워의 증가를 가져온다(래깅).

'ㄷ'자 블록을 배달하라

백스윙탑에서 만든 'ㄷ'자 블록을 그대로 배달(Delivery)한다는 이미지로 오른손 코킹을 최대한 유지하며 다운스윙한다(래깅).

손목을 쓰지 않고 양팔과 오른쪽 어깨로만 그대로 아래로 다운스윙하는 느낌이 들면 맞다.

헤드가 아닌 손으로 볼을 때려라

백스윙탑에서 볼을 때리려는 마음이 앞서면 손보다 헤드가 먼저 볼을 만나게 된다(캐스팅). 코킹을 최대한 유지하기 위해서는 손으로 볼을 때린다는 이미지를 상상하면 도움이 된다. 손이 볼에 먼저 도착한다는 이미지이다.

백스윙탑에서 만들어진 손목의 코킹 상태를 오른쪽 허벅지 앞까지 그대로 갖고 내려온다.

| 연습 방법 |

셋업 또는 백스윙탑에서 시작한다.

1. 연습장(빈) 타석에 자리잡는다.

2. 1단계 셋업과 2단계 테이크어웨이, 3단계 백스윙탑 동작까지 확인하면서 백스윙탑 포지션을 만든다.

3. 아니면 백스윙탑을 바로 만들고 시작해도 된다.

4. 백스윙탑에서 다운스윙을 천천히 해 보며 하체 주도로 상체가 따라가는 느낌을 확인해 본다.

5. 하체의 리드로 상체가 따라갈 때, 백스윙탑에서 만들어진 오른팔의 'ㄷ'자 블록을 그대로 유지하며 천천히 내려온다. 손목은 사용하지 않는다.

6. 손이 허리라인에 왔을 때 클럽헤드가 손보다 뒤에 있고, 왼팔과 샤프트의 각도가 90도 정도인지 확인한다.

7. 그 상태에서 거꾸로 다시 백스윙탑의 자세를 잡아본다.

8. 4번부터 다시 3회 반복 연습한다.

9. 이제 4회째는 다운스윙 때 '손으로 볼을 때리자'라는 생각에만 집중하고 볼을 하나 친다.

10. 위 과정을 반복적으로 연습한다.

| 연습 스윙키 |

셋업에서부터 피니시까지 스윙연습을 위한 스윙키

'하나~'는 셋업에서 백스윙탑까지의 템포
'그대로!'는 백스윙탑에서 만들어진 손목 코킹 자세와 각도를 그대로 갖고 내려오는 동작을 단순화시켜 스윙키 말로 표현한 것이다.

위의 스윙키에만 집중하면서 볼을 하나 하나씩 친다. 전체 스윙 리듬과 함께 하는 해당 동작 스윙키 연습이다(자신만의 느낌을 바탕으로 자신의 스윙키를 만들어 보자/위는 예시).

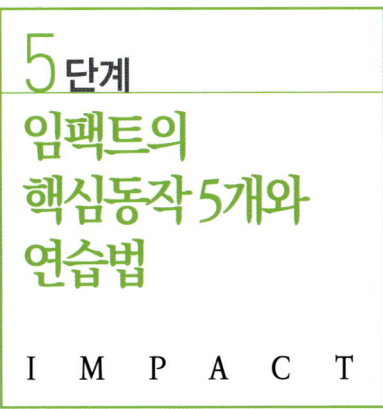

The point is that it doesn't matter if you look like a
beast before or after the hit,
as long as you look like a beauty at the moment of impact.

요점은 당신이 임팩트 전후에 야수같이 보여도 상관없다는 것이다.
임팩트 순간에만 미인같이 보인다면.

- 세베 발레스테로스 Seve Ballesteros

5단계 임팩트
IMPACT

[임팩트라고 하는 진실의 순간(Moment of Truth)을 위해 스윙을 만들고 연습해 왔다. 클럽과 볼이 만나는 순간, 가장 아름다운 모습으로 남아야 하는 스윙의 클라이막스 단계이다.]

임팩트 포지션만 제대로 공부해도 스윙이 많이 좋아진다.

★ 임팩트 시에 연습해야 하는 스윙동작 5

5-① 왼쪽 다리 쫙 펴기

5-② 왼쪽 힙 확실히 열기

5-③ 왼쪽 어깨 타겟라인 평행하기

5-④ 왼팔 확 던지기

5-⑤ 오른손 강하게 치기

5단계 | **임팩트**

5-① 왼쪽 다리 쫙 펴기

다운스윙 때 스쿼팅(Squatting) 자세에 있던 왼쪽 다리를 쫙 펴는 동작이다. 응축된 파워를 하체가 일어나면서 지면 반발력을 이용해 폭발시키는 역할을 하며, 왼쪽 어깨가 오른쪽 어깨보다 올라가 있는 포지션이 된다.

소위 말하는 '왼쪽 벽 쌓기'의 핵심동작이다.

잘못된 동작 '구부러진 왼쪽 다리'

임팩트 포지션에서 왼다리가 펴지지도 않고 왼쪽 벽도 만들지 못하게 되면 볼을 올려 치는 샷이 나오기 쉽다. 그로 인해 거리 손실도 크고, 볼도 가벼워져 바람의 영향을 쉽게 받게 된다.

하체에 의한 체중이동이 되고 볼을 때려야 하는데 체중이동 전에 때리면 나오는 잘못된 동작으로, 왼다리도 펴지지 않고 팔도 캐스팅되는 문제가 생긴다.

임팩트 체중이동의 완성

다운스윙에서 시작된 왼발로의 체중이동이 완성되는 시점이다. 다이나믹 발란스(Dynamic Balance)에 의해 오른발로 갔던 체중을 왼발로 최대한 옮기는 것이다. 다운스윙 때 왼발을 먼저 밟고, 임팩트 때 힙 턴과 함께 왼 다리를 펴주는 것으로 완성한다.

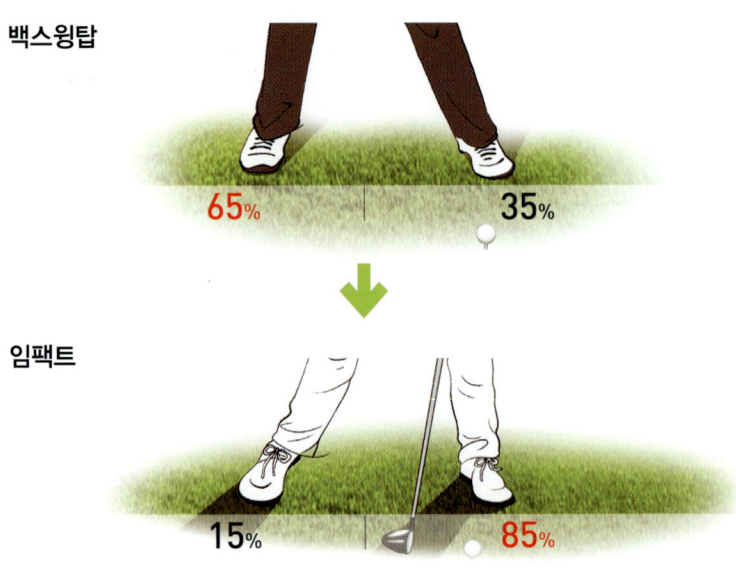

백스윙탑과 임팩트에서의 양발의 체중 분배 예시

Snap(스냅)으로 파워 극대화

스쿼팅(Squatting : 웅크리고 있는) 상태의 왼쪽 무릎을 쫙 펴면서 일어나는 스냅(Snap) 동작은 최대한 파워를 모아서 임팩트 때 폭발시키기 위해서다. 헤드 스피드의 가속에 절대적 영향을 주며 거리를 만들어 낸다.

왼쪽 다리의 순간적 스내핑(Snapping: 무릎이 확 펴지는 동작) 모습

| 연습 방법 |

셋업 또는 백스윙탑에서 시작한다.

1. 연습장(빈) 타석에 자리잡는다.

2. 1단계 셋업과 2단계 테이크어웨이, 3단계 백스윙탑 동작까지 확인하면서 백스윙탑 포지션을 만든다.

3. 아니면 백스윙탑을 바로 만들고 시작해도 된다.

4. 상체는 신경 쓰지 말고 하체, 특히 왼쪽 다리의 움직임에만 집중하고 천천히 다운스윙해 본다.

5. 왼발을 밟으며 왼쪽 무릎이 스쿼팅 자세에 있는지 확인한다.

6. 그 포지션에서 순간적으로 왼쪽 무릎, 다리를 쫙 펴면서 임팩트 포지션을 만든다. 왼쪽 힙도 같이 돌아가는 것이 정상이다.

7. 쫙 펴진 왼쪽 다리와 위로 올라간 왼쪽 어깨를 확인한다. 2~7번까지 3회 반복 연습한다.

8. 이제 4회째는 임팩트 때 '왼쪽 다리를 쫙 펴자'라는 생각에만 집중하고 볼을 하나 친다.

9. 위 과정을 반복적으로 연습한다.

| 연습 스윙키 |

셋업에서부터 피니시까지 스윙연습을 위한 스윙키

'쭉~~' 은 셋업에서 백스윙탑까지의 템포
'밟고-펴!' 는 백스윙탑에서 다운스윙을 시작할 때, 왼발을 강하게 밟고 임팩트 때 왼다리를 쫙 펴는 동작을 단순화시켜 스윙키 말로 표현한 것이다.

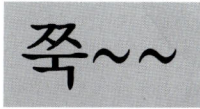

때리려고 하지 않았는데도 임팩트에 파워가 실리는 것을 느끼면 바른 스윙키을 활용한 것이다.
위의 스윙키에만 집중하면서 볼을 하나 하나씩 친다. 전체 스윙 리듬과 함께 하는 해당 동작 스윙키 연습이다(사신만의 느낌을 바탕으로 자신의 스윙키를 만들어 보자/위는 예시).

5 단계 | **임팩트**

5-② 왼쪽 힙 확실히 열기

다운스윙 때 시작된 왼쪽 힙 턴을 가속화하여 힙을 타켓라인 대비 왼쪽으로 확실히 열어주는 동작이다. 다음 동작인 오른손과 팔이 파워풀한 임팩트를 할 수 있게 사전 환경을 만들어 주는 것이다.

왼쪽이 열려 있어야 오른쪽 사이드, 어깨와 손에 의한 임팩트와 회전이 가능해진다.

잘못된 동작 '왼쪽 힙-왼쪽 어깨 함께'

1. 왼쪽 힙이 왼쪽 어깨와 함께 타겟라인 선상에 있을 때
2. 왼쪽 힙과 왼쪽 어깨가 동시에 왼쪽으로 열리는 경우

   위 두 가지가 대표적인 잘못된 동작의 사례이다.

왼쪽 힙과 왼쪽 어깨가 같은 방향을 가리키면 항상 문제가 발생한다. 서로 다른 방향으로 움직여야 한다. 그렇지 않으면 슬라이스가 나거나 심한 풀 훅이 난다.

허리띠 버클을 타겟으로 돌려라

힙 턴의 양(크기) 측면에서 보면 왼쪽 힙은 다운스윙 때 타겟라인과 평행해지다가, 임팩트 때 타겟을 지나서 타겟라인보다 30~45도 왼쪽으로 열려있는 포지션이 된다.

실제 임팩트 포지션에서 허리띠 버클은 타겟라인 우측을 향한다. 그리고 임팩트를 지나 피니시 때는 좌측을 향한다.

파워소스인 왼쪽 힙 턴 스피드

힙 턴의 양(크기)만큼 중요한 것은 힙 턴의 스피드이다. 순간적으로 빠르게 회전해야 상하체 분리력에 의해 강한 상체의 임팩트와 회전력을 만들어 내기 때문이다.

로리 맥길로이는 PGA 투어프로 평균보다 30% 이상 빠른 힙 턴 스피드를 보이고 있다(2016년 PGA 투어 드라이브 평균거리 307야드로 Top 9에 랭크).

| 연습 방법 |

셋업 또는 백스윙탑에서 시작한다.

1. (빈) 타석이나 주위 빈 공간에 자리한다.

2. 1단계 셋업과 2단계 테이크어웨이, 3단계 백스윙탑 동작까지 확인하면서 백스윙탑 포지션을 만든다.

3. 아니면 백스윙탑을 바로 만들고 시작해도 된다.

4. 상체는 자연스럽게 놔두고 하체, 특히 왼쪽 다리와 힙의 움직임에만 집중하고 다운스윙을 천천히 해 본다.

5. 왼쪽으로의 체중이동이 시작되며, 왼 무릎이 스쿼팅 자세에 있는지 확인한다.

6. 그 상태에서 왼쪽 다리를 펴면서 왼쪽 힙을 빠르게 턴하며, 임팩트 포지션을 만들어 본다. 상체는 따라가지 않게 잡는다.

7. 왼쪽 힙은 열려 있고, 왼쪽 어깨가 타겟라인 선상에 있으면 바르게 된 동작이다. 2~7번까지 3회 반복 연습한다.

8. 이제 4회째는 임팩트 때 '왼쪽 힙을 확실히 열자'라는 생각에만 집중하고 볼을 하나 친다.

| **연습 스윙키** |

셋업에서부터 피니시까지 스윙연습을 위한 스윙키

'쭉~~'은 셋업에서 백스윙탑까지의 템포
'밟고-턴!'은 백스윙탑에서 다운스윙을 시작할 때, 왼발을 강하게 밟고 임팩트 때 왼쪽 힙을 확실히 열어주는 동작을 단순화시켜 스윙키 말로 표현한 것이다.

위의 스윙키에만 집중하면서 볼을 하나 하나씩 친다. 전체 스윙 리듬과 함께 하는 해당 동작 스윙키 연습이다(자신만의 느낌을 바탕으로 자신의 스윙키를 만들어 보자/위는 예시).

5단계 | **임팩트**

5-③ 왼쪽 어깨 타겟라인 평행하기

왼쪽 어깨는 볼의 출발 방향을 결정짓는 주요 요소임에도 불구하고 스윙 연습 시 많이 챙기지 않는다. 왼쪽 어깨의 방향이 볼의 출발 방향이다. 스트레이트 볼을 위해서는 임팩트 때 왼쪽 어깨가 타겟라인과 평행해야 한다.

드라이브 임팩트 포지션

왼쪽 어깨와 볼의 출발 방향

왼쪽 어깨의 방향은 스윙 Path(길)와 볼의 출발 방향을 결정짓는다. 볼이 타겟보다 왼쪽, 오른쪽으로 출발하는 방향의 실수가 커지면 가장 먼저 임팩트 포지션에서 왼쪽 어깨의 방향을 체크해 보면 된다.

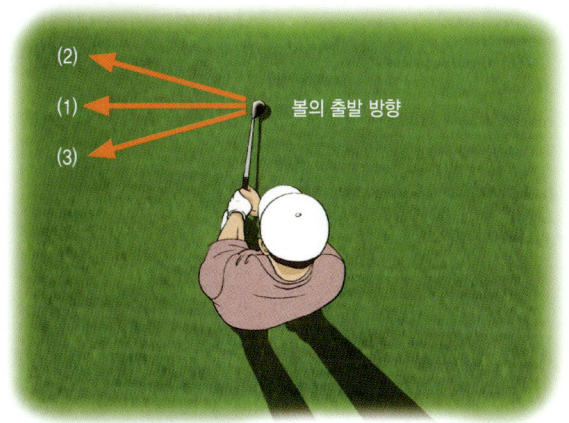

(1) 왼쪽 어깨 스퀘어일 때 : 타겟방향으로 똑바로 출발하는 볼

(2) 왼쪽 어깨 닫혔을 때 : 타겟보다 오른쪽으로 출발하는 볼

(3) 왼쪽 어깨 열렸을 때 : 타겟보다 왼쪽으로 출발하는 볼

★ 페이드 샷(Fade Shot: 오른쪽으로 가볍게 휘어지는 샷)이나 드로우 샷(Draw Shot: 왼쪽으로 가볍게 휘어지는 샷) 등 다양한 샷은 왼쪽 어깨 방향과 손목, 클럽페이스의 오픈 정도, 피니시의 양 등의 변수를 조합하여 만들어진다.

왼쪽 어깨를 UP시켜라

임팩트 때 왼쪽 다리를 쫙 펴면서 오른쪽 손과 팔, 어깨를 볼을 치기 위해 다운시키면, 반대측인 왼쪽 어깨는 회전하지 않고 자연스럽게 올라가 타겟과 평행하게 된다.

우측 어깨는 Down, 왼쪽 어깨는 Up

| 연습 방법 |

셋업 또는 백스윙탑에서 시작한다.

1. 연습장(빈) 타석에 자리잡는다.

2. 1단계 셋업과 2단계 테이크어웨이, 3단계 백스윙탑 동작까지 확인하면서 백스윙탑 포지션을 만든다.

3. 아니면 백스윙탑을 바로 만들고 시작해도 된다.

4. 백스윙탑에서 천천히 다운스윙하면서 하체의 움직임을 느껴 본다.

5. 하체가 체중이동될 때, 왼쪽 다리를 쫙 펴는 동시에 왼쪽 어깨를 Up시켜 본다.

6. 왼쪽 어깨가 오른쪽 어깨보다 위에 있으며, 타겟라인과 평행한지 확인한다. 몸의 왼쪽 사이드가 긴장감을 느끼면 바르게 만들어진 것이다.

7. 2~6번까지 3회 반복 연습한다.

8. 이제 4회째는 임팩트 때 '왼쪽 어깨를 타겟과 평행하게 업(UP)시키자' 라는 생각에만 집중하고 볼을 하나 친다.

9. 위 과정을 반복적으로 연습한다.

| 연습 스윙키 |

셋업에서부터 피니시까지 스윙연습을 위한 스윙키

'쭉~~'은 셋업에서 백스윙탑까지의 템포

'펴고-Up!'은 백스윙탑에서 다운스윙을 시작할 때, 왼쪽 다리를 쫙 펴주면서 왼쪽 어깨를 위로 업시켜 주는 동작을 단순화시켜 스윙키 말로 표현한 것이다.

위의 스윙키에만 집중하면서 볼을 하나 하나씩 친다. 전체 스윙 리듬과 함께 하는 해당 동작 스윙키 연습이다(자신만의 느낌을 바탕으로 자신의 스윙키를 만들어 보자/위는 예시).

5단계 | **임팩트**

5-④ 왼팔 확 던지기

소위 다운스윙 이후에 치킨 윙(Chicken Wing: 왼팔이 로테이션되질 못해서 구부러져 안쪽에 공간이 생기는 현상)을 막는 사전 동작이며 스윙의 원심력을 최대한 만들어 내는 파워 동작이기도 하다.

다운스윙으로 체중이 왼발 쪽으로 이동되고 왼팔이 펴짐으로써 스윙의 최저점은 셋업 때보다 왼쪽(타겟 쪽)에서 만들어지게 된다.

왼팔을 땅으로 뿌려라

임팩트 때 볼을 때리려는 마음이 앞서면 오른손과 팔을 많이 사용하게 되는데 이때는 왼팔을 쫙 펼 수 없게 된다.

왼쪽 손목의 코킹을 풀면서 왼팔을 땅을 향해 확 뿌린다는 느낌으로 임팩트를 가져가라. 클럽헤드는 손 뒤에 따라오면서 자연스러운 임팩트를 만들게 된다.

왼쪽 벽을 만들자

왼쪽 벽을 만들며 때려라. 축적된 에너지를 폭발시킬 수 있는 조건을 만드는 것이다.

왼쪽 다리 펴기와 함께 왼팔이 쫙 다 펴지게 되면 자연스럽게 체중이동에 의해 왼쪽에 벽이 만들어진다.

왼쪽 사이드가 완전한 일직선상에 놓이게 되어 최대의 원심력과 파워를 만들어 낼 수 있게 된다.

| 연습 방법 |

셋업 또는 백스윙탑에서 시작한다.

1. 연습장(빈) 타석에 자리잡는다.

2. 1단계 셋업과 2단계 테이크어웨이, 3단계 백스윙탑 동작까지 확인하면서 백스윙탑 포지션을 만든다.

3. 아니면 백스윙탑을 바로 만들고 시작해도 된다.

4. 백스윙탑에서 천천히 다운스윙하며 하체의 움직임을 느껴 본다.

5. 왼발에 힘이 실리면 왼쪽 다리를 편다. 그리고 왼쪽 팔을 확 던지면서 임팩트 포지션을 만들어 본다.

6. 임팩트 시점에서 왼쪽 다리는 쫙 펴져 있고, 왼쪽 힙은 돌아가 있으며, 왼쪽 팔이 쫙 펴진 상태인지 확인한다. 왼팔의 에너지를 100% 다 쓴 느낌이 들면 바르게 동작을 연습한 것이다. 2~6번까지 3회 반복 연습한다.

7. 이제 4회째는 임팩트 때 '왼쪽 팔을 확 뿌리자'라는 생각에만 집중하고 볼을 하나 친다. 볼은 신경 쓰지 않는다.

8. 위 과정을 반복적으로 연습한다.

| 연습 스윙키 |

셋업에서부터 피니시까지 스윙연습을 위한 스윙키

'쭉~~'은 셋업에서 백스윙탑까지의 템포
'펴고-뿌려!'는 백스윙탑에서 다운스윙을 시작할 때, 왼쪽 다리를 쫙 펴주면서 왼팔을 확 뿌리는 동작을 단순화시켜 스윙키 말로 표현한 것이다.

위의 스윙키에만 집중하면서 볼을 하나 하나씩 친다. 전체 스윙 리듬과 함께 하는 해당 동작 스윙키 연습이다(자신만의 느낌을 바탕으로 자신의 스윙키를 만들어 보자/위는 예시).

5단계 | **임팩트**

5-⑤ 오른손 강하게 치기

다운스윙 때 최대한 절제한 오른 손목의 코킹을 풀면서 순간적으로 강하게(Snap) 볼을 치고 나가는 동작이다. 임팩트 시 왼팔은 쫙 펴져 있지만 오른팔과 손목은 아직 구부러진 상태이며, 오른 손바닥은 타겟 방향을 향하고 있다.

임팩트 이후 시점부터 오른팔과 손목은 쫙 펴지게 된다.

셋업과 임팩트 포지션의 비교

셋업에서 바로 임팩트 포지션을 만들 수 있어야 한다. 하체의 체중이동과 발의 움직임, 왼쪽 힙의 턴 정도, 손목의 각도 변화, 손의 위치 변화, 어깨의 높낮이, 머리의 위치 등을 체크하면서 셋업에서 바로 임팩트 포지션을 만들어 보자.

셋업에서 임팩트, 임팩트에서 셋업으로 '왔다 갔다 연습'으로 2가지 포지션의 차이점을 확인하고 익숙함을 만들어 가자.

몸 앞에서 치기 시작하라

오른손으로 볼을 치기 시작하는 지점은 몸 밖이 아니라 몸 앞인, 오른손이 오른쪽 허벅지 앞에 왔을 때이다. 최대한 지연된 임팩트(Delayed Hit : 캐스팅을 하지 않고 최대한 래깅으로 손목 각도를 유지하며 치는 임팩트)를 만들기 위함이다.

이제 마음껏 때려도 볼은 도망가지 않는다. 볼이 날아가는 것을 즐기는 것만 남았다.

바깥쪽으로 던져라

안쪽에서 접근하던 오른손과 팔을 임팩트 시에는, 강한 스냅(Snap)으로 치고 나가면서 타겟라인 우측인 바깥쪽으로 던져라. 그래야 오른팔은 임팩트존을 지나면서 쫙 펴지게 된다. 바른 릴리스의 시작이다.

임팩트 이후 양팔이 다 쫙 펴진 느낌이 들어야 한다.

| 연습 방법 |

셋업 또는 백스윙탑에서 시작한다.

1. 연습장(빈) 타석에 자리잡는다.

2. 1단계 셋업과 2단계 테이크어웨이, 3단계 백스윙탑 동작까지 확인하면서 백스윙탑 포지션을 만든다.

3. 아니면 백스윙탑을 바로 만들고 시작해도 된다.

4. 백스윙탑에서 천천히 다운스윙하면서 체중이동을 느껴 본다.

5. 체중이 왼쪽으로 이동되면서 손이 오른쪽 허벅지 앞에 왔을 때, 왼쪽 다리를 쫙 펴면서 양팔을 강하게 스냅(Snap) 임팩트를 해 본다.

6. 임팩트 이후 팔에 에너지가 남아 있지 않고, 양팔이 다 펴지면서 밖으로 던져지는 릴리스가 되면 바르게 만들어진 것이다. 2~6번까지 3회 반복 연습한다.

7. 이제 4회째는 임팩트 때 '오른손으로 강하게 치자'라는 생각에만 집중하고 볼을 하나 친다. 볼이 어디로 가던 신경 쓰지 않는다.

8. 위 과정을 반복적으로 연습한다.

연습 스윙키

셋업에서부터 피니시까지 스윙연습을 위한 스윙키

'쭉~~' 은 셋업에서 백스윙탑까지의 템포
'펴고-쳐!' 는 백스윙탑에서 다운스윙을 시작할 때, 왼쪽 다리를 쫙 펴주면서 오른손으로 강하게 치는 동작을 단순화시켜 스윙키 말로 표현한 것이다.

위의 스윙키에만 집중하면서 볼을 하나 하나씩 친다. 전체 스윙 리듬과 함께 하는 해당 동작 스윙키 연습이다(자신만의 느낌을 바탕으로 자신의 스윙키를 만들어 보자/위는 예시).

Probably the most important and useful conception
for the golfer is that of swinging, ever swinging, as opposed to the idea of
forceful hitting.

아마도 골퍼들에게 가장 중요하고 긴요한 콘셉트는
강력한 히팅의 개념이 아니라
스윙하는 것, 스윙으로 지나가는 것, 그 자체일 것이다.

– 바비 존스 Bobby Jones

> 임팩트 이후 헤드를 바른 길(Path)인 타겟라인 선상으로
> 보내고, 임팩트 시 폭발한 에너지를 한 점 남김없이 사용하는
> 단계로 상체가 주도한다.

모든 에너지를 다 사용한 릴리스 포지션. 아마추어 골퍼들에게 찾기 힘든 포지션이나 이제까지 제안한 바른 동작을 제대로 연습만 하면 누구나 만들 수 있는 포지션이기도 하다. 장타자의 상징이다.

★ 릴리스 시에 연습해야 하는 스윙동작 5

6-① 헤드페이스 스퀘어 유지

6-② 척추각 유지하기

6-③ 머리 뒤로 보내기

6-④ 오른쪽 어깨 낮게 회전하기

6-⑤ 손목 로테이션하기

6단계 | **릴리스**

6-① 헤드페이스 스퀘어 유지

임팩트 때 타겟라인과 스퀘어를 만든 클럽헤드 페이스를 임팩트존이 끝나는 지점까지 스퀘어 상태를 유지시켜 주는 동작이다. 볼이 헤드페이스에 묻어가는 느낌을 주고 거리와 방향성을 보장해 준다.

★임팩트존(Impact Zone): 타겟라인상에서 볼을 기준, 전후 각 30㎝씩 총 60㎝ 정도의 클럽헤드가 스퀘어하게 다니는 공간.

잘못된 동작 '몸과 가까워진 손'

왼쪽 어깨가 왼쪽 힙과 함께 타겟라인 왼쪽으로 턴하게 되면 Out-to-In 스윙 Path(길)가 만들어지고 그 결과 클럽페이스를 스퀘어하게 유지하지 못하고 닫히는(Close) 현상이 발생하게 된다.

릴리스 구간에서 손과 클럽헤드가 몸과 가까워지면 클럽헤드가 가속이 아닌 감속하게 되어 방향의 왜곡과 거리 손실이 커진다.

오른팔이 쫙 펴질 때까지 끌고 가라

임팩트 시의 스퀘어된 클럽헤드 페이스를 오른팔이 쫙 펴질 때까지 최대한 유지하게 되면, 임팩트존이 넓어지면서 양팔이 쫙 다 펴지게 되는 1차 릴리스 구간의 동작이 완성된다.

★확장구간이라고 하는데, 이 동작을 영어용어 그대로 익스텐션(Extension) 동작이라고도 한다.

몸과 최대한 멀어지는 클럽헤드

릴리스(release)는 '풀어주다, 멀리하다'의 의미를 갖고 있다. 임팩트존을 클럽헤드가 스퀘어하게 지나서 릴리스하게 되면 손과 클럽헤드는 원심력에 의해 몸과 가장 멀어지게 된다. 바른 릴리스가 되고 있다는 증거이다.

몸과 손, 몸과 클럽헤드 사이에 커다란 공간이 존재하며 릴리스 때는 클럽헤드가 양팔을 당기는 느낌이 온다.

| 연습 방법 |

셋업 또는 백스윙탑에서 시작한다.

1. 연습장(빈) 타석에 자리잡는다.

2. 셋업부터 임팩트까지의 핵심동작을 확인하며 임팩트 포지션을 만들어 본다.

3. 아니면 셋업에서 바로 임팩트 포지션으로 전환하여 릴리스 연습을 준비한다.

4. 임팩트 포지션에서 몸의 느낌을 확인하면서 클럽헤드를 타겟라인에 스퀘어하게 천천히 앞으로 이동시킨다.

5. 최대한 스퀘어하게 이동한 지점에서 멈추고 몸의 포지션을 확인하고 그때의 몸과 팔의 느낌을 기억한다.

6. 2~5번까지 3회 반복 연습한다.

7. 이제 4회째는 임팩트 후 '오른손을 타겟 쪽으로 계속 밀고 가자'라는 생각에만 집중하고 볼을 하나 친다. 볼이 어디로 가던 신경 쓰지 않는다.

8. 위 과정을 반복적으로 연습한다.

| **연습 스윙키** |

셋업에서부터 피니시까지 스윙연습을 위한 스윙키

'하나~'는 셋업에서 백스윙탑까지의 템포
'펴고–밀고!'는 백스윙탑에서 다운스윙을 시작할 때, 왼쪽 다리를 쫙 펴주면서 오른손으로 강하게 임팩트 후 계속 타겟라인 선상으로 밀고 가는 동작을 단순화시켜 스윙키 말로 표현한 것이다.

위의 스윙키에만 집중하면서 볼을 하나 하나씩 친다. 전체 스윙 리듬과 함께 하는 해당 동작 스윙키 연습이다(자신만의 느낌을 바탕으로 자신의 스윙키를 만들어 보자/위는 예시).

6단계 | 릴리스

6-② 척추각 유지하기

셋업에서 임팩트 때까지 지켜 온 척추각(척추 기울기)을 릴리스 단계에서도 계속해서 유지하는 동작이다. 척추각의 변화(일어나거나 주저앉는 동작)는 바른 릴리스를 방해하는 요소이다.

볼을 보고자 하는 본능을 이겨내야 만들어지는 동작이다.

오른쪽 어깨가 턱을 만날 때까지

척추각을 지키는 가장 쉬운 방법은 오른쪽 어깨가 턱을 만날 때까지 그냥 그 자세(Posture)를 유지하고 있는 것이다. 임팩트로 스윙이 다 끝난 것이 아니다. 아직 일어서면 안 된다. 릴리스와 피니시가 남았다.

백스윙 때 왼쪽 어깨가 턱을 만나듯 릴리스 때도 오른쪽 어깨가 턱을 만나게 해주지.

볼을 보려면 옆 눈으로 보라

임팩트 시나 임팩트 직후 볼을 빨리 보려고 하는 마음이 척추각의 변화(주로, 일어서는 동작)를 일으키는 주 원인이다. 볼은 이미 떠난 것, 보려고 하지 마라. 보고 싶다면 옆 눈으로 볼을 확인하라.

레슨 코치들이 가장 많이 지적하는 '헤드업하지 마라' 라는 말은 바로 릴리스 때 이 척추각을 지키기 위해서이다.

| 연습 방법 |

셋업 또는 임팩트 포지션에서 시작한다.

1. 연습장(빈) 타석에 자리잡는다.

2. 셋업부터 임팩트까지의 핵심동작을 확인하며 임팩트 포지션을 만들어 본다.

3. 아니면 셋업에서 바로 임팩트 포지션으로 전환하여 릴리스 연습을 준비한다.

4. 임팩트 포지션에서 머리 위치는 그대로 유지하면서 클럽헤드를 타겟라인으로 스퀘어하게 천천히 보낸다.

5. 오른쪽 어깨가 턱밑에 올 때까지 척추각을 유지한다. 이때의 몸 전체 근육의 긴장됨을 느끼고 기억한다.

6. 그 상태에서 옆 눈으로 타겟방향을 본다.

7. 2~6번까지 3회 반복 연습한다.

8. 이제 4회째는 임팩트 후 '오른쪽 어깨가 턱을 터치할 때까지 기다리자'라는 생각에만 집중하고 볼을 하나 친다. 볼이 어디로 가던 신경 쓰지 않는다.

9. 위 과정을 반복적으로 연습한다.

| 연습 스윙키 |

셋업에서부터 피니시까지 스윙연습을 위한 스윙키

'하나~'는 셋업에서 백스윙탑까지의 템포
'펴고-턱!'은 백스윙탑에서 다운스윙을 시작할 때, 왼쪽 다리를 쫙 펴주면서 오른쪽 어깨가 턱과 만날 때까지 기다리는 동작을 단순화시켜 스윙키 말로 표현한 것이다.

위의 스윙키에만 집중하면서 볼을 하나 하나씩 친다. 전체 스윙 리듬과 함께 하는 해당 동작 스윙키 연습이다(자신만의 느낌을 바탕으로 자신의 스윙키를 만들어 보자/위는 예시).

6단계 | **릴리스**

6-③ 머리 뒤로 보내기

릴리스 단계에서 양팔은 타겟방향으로 강하게 던져지지만 머리는 오히려 반대방향으로 움직여 원심력을 극대화시키는 동작이다.

머리의 위치가 셋업 때보다 더 뒤쪽에 위치한다. 오른쪽 무릎 위에 놓인다 (드라이브 티샷 기준).

오른발 잡고 있어라

릴리스 시 많은 실수 중에 하나는 오른발이 빨리 들려 상체와 함께 따라가는 것이다. 머리를 뒤로 보내는 동작도 오른발을 잡지 않고서는 원심력을 발휘할 수 없다. 다운스윙 시 오른발 모습을 최대한 유지하라.

왼쪽 어깨가 회전하지 않고 계속해서 타겟과 평행하게 유지하고 있다.

시선을 오른발 엄지로 보내라

임팩트 때, 볼을 보지 말고 오히려 시선을 오른발 엄지에 두게 되면 머리의 위치를 바르게 잡을 수 있다. 볼을 보려는 궁금증을 억제해야 한다. 볼이 날아가는 것을 보려고 하면 더 좋지 않은 볼이 나온다.

체중은 왼쪽으로 확실히 보내고 머리의 위치만 잡는 것이다. 앞에서 만들고자 하는 '척추각 유지하기' 동작에도 도움이 되는 팁이다.

| 연습 방법 |

셋업 또는 임팩트 포지션에서 시작한다.

1. 연습장(빈) 타석에 자리잡는다.

2. 셋업부터 임팩트까지의 핵심동작을 확인하며 임팩트 포지션을 만들어 본다.

3. 아니면, 셋업에서 바로 임팩트 포지션으로 전환하여 릴리스 연습을 준비한다.

4. 임팩트 포지션에서 클럽헤드를 타겟라인에 스퀘어하게 천천히 밀고 나가면서, 시선을 오른발 엄지로 보낸다. 양팔이 펴질 때까지 시선을 고정한다.

5. 이때의 몸 전체의 느낌, 특히 머리의 위치와 목의 느낌을 확인하고 기억한다.

6. 2~5번까지 3회 반복 연습한다.

7. 이제 4회째는 임팩트 후 '시선을 오른발 엄지로 보내자'라는 생각에만 집중하고 볼을 하나 친다. 볼이 어디로 가던 신경 쓰지 않는다.

8. 위 과정을 반복적으로 연습한다.

| 연습 스윙키 |

셋업에서부터 피니시까지 스윙연습을 위한 스윙키

'하나~'는 셋업에서 백스윙탑까지의 템포
'펴고–시선!'은 백스윙탑에서 다운스윙을 시작할 때, 왼쪽 다리를 쫙 펴주면서 시선을 오른발 엄지로 보내는 동작을 단순화시켜 스윙키 말로 표현한 것이다.

위의 스윙키에만 집중하면서 볼을 하나 하나씩 친다. 전체 스윙 리듬과 함께 하는 해당 동작 스윙키 연습이다(자신만의 느낌을 바탕으로 자신의 스윙키를 만들어 보자/위는 예시).

6단계 | 릴리스

6-④ 오른쪽 어깨 낮게 회전하기

임팩트 시 낮아진 오른쪽 어깨를 계속 유지하면서 회전하는 동작이다. 양팔을 쫙 펴주게 하는 릴리스와 피니시 때까지의 어깨 회전 운동을 가능케 해줘 파워를 증대시킨다.

릴리스는 제2의 임팩트다.

아름다운 Y자를 만들다

오른쪽 어깨를 낮게 유지하고 머리와 오른쪽 발이 잡히면, 양팔이 완전 펴진 (Fully Extended) 상태를 만들 수 있고, 클럽 샤프트와 아름다운 Y자를 만들 수 있다. 이것이 릴리스(Release) 그 자체이다.

이 Y자 포지션은 릴리스 단계의 꽃이다. 축적된 파워를 아낌없이 다 사용했음을 나타내고 있다.

밑으로 파고 들어라

권투의 어퍼컷(Uppercut)이나 야구의 언더 스로우(Under Throw)같이 오른쪽 어깨가 타겟을 향해 밑으로 파고들면서 회전해야 임팩트존을 길게 가져갈 수 있고 클럽헤드의 가속이 강화된다.

오른쪽 어깨가 타겟 쪽으로 낮게 밀고 나가는 느낌을 찾는다.

| 연습 방법 |

셋업 또는 임팩트 포지션에서 시작한다.

1. 연습장(빈) 타석에 자리잡는다.

2. 셋업부터 임팩트까지의 핵심동작을 확인하며 임팩트 포지션을 만들어 본다.

3. 아니면, 셋업에서 바로 임팩트 포지션으로 전환하여 릴리스 연습을 준비한다.

4. 임팩트 포지션에서 클럽헤드를 천천히 타겟라인에 스퀘어하게 보낸다.

5. 양팔이 쫙 펴진 상태에서 오른쪽 어깨를 낮게 타겟 쪽으로 밀고 나가면서 서서히 회전시킨다.

6. 클럽을 잡은 손의 위치가 가슴높이에 올 때까지 오른쪽 어깨를 회전하며 그 느낌을 기억한다.

7. 2~6번까지 3회 반복 연습한다.

8. 이제 4회째는 임팩트 후 '오른쪽 어깨를 낮게 회전시키자'라는 생각에만 집중하고 볼을 하나 친다. 볼이 어디로 가던 신경 쓰지 않는다.

9. 위 과정을 반복적으로 연습한다.

| 연습 스윙키 |

셋업에서부터 피니시까지 스윙연습을 위한 스윙키

'하나~'는 셋업에서 백스윙탑까지의 템포
'펴고-낮게'는 백스윙탑에서 다운스윙을 시작할 때, 왼쪽 다리를 쫙 펴주면서 임팩트 후 오른쪽 어깨를 낮게 회전시키는 동작을 단순화시켜 스윙키 말로 표현한 것이다.

위의 스윙키에만 집중하면서 볼을 하나 하나씩 친다. 전체 스윙 리듬과 함께 하는 해당 동작 스윙키 연습이다(자신만의 느낌을 바탕으로 자신의 스윙키를 만들어 보자/위는 예시).

6단계 | 릴리스

6-⑤ 손목 로테이션하기

릴리스를 이야기할 때 가장 먼저 떠올리는 동작이다. 클럽헤드 페이스가 일정 지점까지 스퀘어하게 갔으면 다음은 손목 로테이션(Rotation 회전)에 의해 클럽헤드 페이스를 닫아 주는 동작으로, 방향성과 거리를 동시에 보장하는 릴리스 핵심동작이다.

임팩트 때는 오른 손바닥이 타겟을 보고 있으나 릴리스 때는 오른 손바닥이 90도 이상 로테이션되어 있다.

잘못된 스윙 '치킨 윙'

릴리스 때 양팔이 펴지지 않고, 손목이 로테이션되지 않아 나타나는 현상이 치킨 윙(Chicken Wing)이다. 볼에 힘도 실리지 않고 주로 힘없는 슬라이스 볼이 되어 거리도 많이 손해 보게 된다. 임팩트 후 손을 멀리 던지지 못하고 몸쪽으로 당기기 때문이다.

뒤에서 볼 때 왼 팔꿈치가 보이면 치킨 윙 현상이다. 손목이 정상적으로 로테이션되었다면 클럽헤드를 먼저 볼 수 있게 된다.

오른손을 왼손 위로 올려라

손목 로테이션의 가장 쉬운 방법은 오른손을 왼손 위로 올리면서, 왼손이 밑에, 오른손이 위로 가게 양팔로 X자를 만드는 것이다. X자 연습을 많이 해 보면서 손목 로테이션의 느낌을 우선 익힌다.

릴리스 시 양팔이 쫙 펴지게 되면 원심력에 의해 의식적으로 손목 로테이션을 하지 않아도 자연스럽게 되는 경우가 많다. 개인마다 그 느낌을 찾아가면 된다.

자신만의 로테이션 타이밍을 잡아라

임팩트부터 클럽헤드 페이스는 타겟과 스퀘어하게 진행하다가 임팩트존이 끝나는 시점(볼 위치에서 30㎝ 전방 지점)에서부터 오른 손목으로 로테이션을 시작해야 한다.

유연성이나 스윙 스피드 등 개인마다 스윙의 특징이 다르기에 많이 쳐 보면서 볼의 방향을 보고 자신만의 로테이션 타이밍을 찾아야 한다(왼쪽으로 많이 가면 좀 늦게, 오른쪽으로 휘면 좀 빨리 등).

연습 방법

셋업 또는 임팩트 포지션에서 시작한다.

1. 연습장(빈) 타석에 자리잡는다.

2. 셋업부터 임팩트까지의 핵심동작을 확인하며 임팩트 포지션을 만들어 본다.

3. 아니면, 셋업에서 바로 임팩트 포지션으로 전환하여 릴리스 연습을 준비한다.

4. 임팩트 포지션에서 클럽헤드를 천천히 타겟라인에 스퀘어하게 보낸다.

5. 양팔이 쫙 펴진 상태에서 자연스럽게 오른쪽 어깨를 회전하면서 손목의 로테이션을 시작한다.

6. 손이 가슴높이에 왔을 때 오른손 등이 2시 방향, 하늘을 가리키는지 확인한다(타겟 쪽이 12시).

7. 2~6번까지 3회 반복 연습한다.

8. 이제 4회째는 임팩트 후 '손목을 회전시키자'라는 생각에만 집중하고 볼을 하나 친다. 볼이 어디로 가던 신경 쓰지 않는다.

9. 위 과정을 반복적으로 연습한다.

| 연습 스윙키 |

셋업에서부터 피니시까지 스윙연습을 위한 스윙키

'하나~'는 셋업에서 백스윙탑까지의 템포
'펴고-돌리고!'는 백스윙탑에서 다운스윙을 시작할 때, 왼쪽 다리를 쫙 펴주면서 임팩트 후 손목을 회전시켜 주는 동작을 단순화시켜 스윙키 말로 표현한 것이다.

위의 스윙키에만 집중하면서 볼을 하나 하나씩 친다. 전체 스윙 리듬과 함께 하는 해당 동작 스윙키 연습이다(자신만의 느낌을 바탕으로 자신의 스윙키를 만들어 보자/위는 예시).

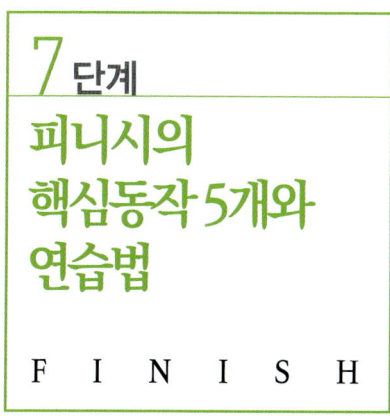

It is not how you start, It's how you finish

중요한 것은 어떻게 시작하느냐가 아니다. 어떻게 마무리하는가이다.
제대로 끝마쳐라.

7단계 피니시
FINISH

[릴리스 단계부터 시작된 상체 주도의 스윙동작에 의해 왼발로의 체중이동이 완성되고, 백스윙탑과 유사한 상하체의 분리가 일어나는 단계이다.]

아름다운 피니스 모습은 7단계, 35개 스윙동작이 제대로 만들어졌다는 것을 보여 주는 증거이다.

★ 피니시 시에 연습해야 하는 스윙동작 5

7-① 오른쪽 어깨 계속 회전하기

7-② 몸 수직으로 세우기

7-③ 오른 발바닥 보여 주기

7-④ 4시 피니시 만들기

7-⑤ 밸런스 피니시 잡기

7 단계 | **피니시**

7-① 오른쪽 어깨 계속 회전하기

릴리스 때부터 낮게 회전하기 시작한 오른쪽 어깨를 계속 회전시켜 주는 동작이다. 회전의 스피드에 의해 가속력을 만들어 내고 피니시 때 왼발로의 체중이동을 가능케 한다. 팔이 아니라 어깨로 피니시하라.

오른쪽 어깨로 계속 타겟을 쫓아 따라가는 것이 피니시의 전 단계인 팔로우 스루(Follow-through)이다.

잘못된 스윙 '팔 피니시'

피니시 때 '어깨 피니시(Shoulder Finish)'를 생략하고 바로 팔로만 피니시(Arm Finish)하게 되면 파워와 정확성을 모두 잃게 되는 위크 피니시(Weak Finish 약한 피니시)가 된다.

X 위크(Weak) 피니시　　O 스트롱(Strong) 피니시

회전 스피드가 파워이다

오른쪽 어깨를 회전시켜 타겟방향과 평행을 만드는 포지션보다 더 중요한 것이 오른쪽 어깨의 회전 스피드이다. 다운스윙 시부터 시작되는 왼쪽 힙의 회전 스피드와 함께 전체 스윙의 파워를 만들어 내는 핵심 파워소스(Core Power Source)이다.

회오리 바람의 회전 속도가 바람의 파워를 좌우한다.

타겟을 향해 끝까지 회전하라

오른쪽 어깨가 회전하여 타겟라인과 평행하게 될 때까지, 회전운동을 계속해야 한다. 피니시 시 오른쪽 어깨는 타겟방향을 향하고, 왼쪽 어깨는 왼쪽 힙보다 약 45도 더 회전된다.

상하체의 마지막 분리운동이 일어나는 시기이다.

| 연습 방법 |

셋업 또는 임팩트 포지션에서 시작한다.

1. 연습장(빈) 타석에 자리잡는다.

2. 셋업부터 임팩트까지의 핵심동작을 확인하며 임팩트 포지션을 만들어 본다.

3. 아니면, 셋업에서 바로 임팩트 포지션으로 전환하여 릴리스 연습을 준비한다.

4. 임팩트 포지션에서 릴리스 단계의 동작들을 생각하면서 오른쪽 어깨를 천천히 회전해 나간다.

5. 오른쪽 어깨가 타겟방향을 향할 때까지 회전을 계속한다.

6. 피니시가 완성된 시점인 오른쪽 어깨가 타겟방향을 가르킬 때 2~3초간 홀딩하면서 전체적인 몸의 느낌을 확인하고 기억한다.

7. 2~6번까지 3회 반복 연습한다.

8. 이제 4회째는 임팩트 후 피니시까지 '오른쪽 어깨만 계속 회전하자'라는 생각에만 집중하고 볼을 하나 친다. 볼이 어디로 가던 신경 쓰지 않는다.

9. 위 과정을 반복적으로 연습한다.

| **연습 스윙키** |

셋업에서부터 피니시까지 스윙연습을 위한 스윙키

'하나~'는 셋업에서 백스윙탑까지의 템포
'펴고-회전~!'은 백스윙탑에서 다운스윙을 시작할 때, 왼쪽 다리를 쫙 펴주면서 임팩트 후 오른쪽 어깨를 끝까지 회전하여 피니시까지 가는 동작을 단순화시켜 스윙키 말로 표현한 것이다.

위의 스윙키에만 집중하면서 볼을 하나 하나씩 친다. 전체 스윙 리듬과 함께 하는 해당 동작 스윙키 연습이다(자신만의 느낌을 바탕으로 자신의 스윙키를 만들어 보자/위는 예시).

7 단계 | **피니시**

7-② 몸 수직으로 세우기

임팩트 때 바로 세워진 왼쪽 다리 위에 상체를 올려놓는 동작으로 피니시 때 상하체가 마치 하나의 기둥과 같이 바로 세워지게 하는 것이다.

스윙동작에서 유일하게 일(1)자로 서있는 파스처가 만들어지는 단계이다.

잘못된 동작 '역 C자 피니시'

왼발로의 체중이동이 완성되지 못하면, 오른발 쪽에 체중이 남게 되면서 뒤로 무너지는 '역 C자형 리버스(Reverse) 피니시'가 된다. 올려 치는 샷이 나오면서 볼에 힘이 전달되지 않는다.

볼이 들려 맞아 거리손실도 크고 허리부상의 위험도 있다.

왼쪽 발에 체중 100%를 느껴라

피니시 때 이루어지는 체중이동은 임팩트 때 왼쪽 힙 턴이 이루어지고 나서 오른쪽 어깨 회전에 의해 마무리된다. 완성된 피니시 포지션에서 왼발에 체중이 거의 100% 실려 있는 느낌을 가질 수 있어야 한다.

오른발을 들어도 뒤쪽으로 무게중심이 쏠리지 않고 왼발만으로 무게중심을 잡을 수 있는 포지션이다.

타겟 쪽으로 머리를 밀고 나가라

피니시 때는 발부터 머리까지 타겟방향으로 밀고 나가야 제대로 된 포스팅(Posting 기둥처럼 몸을 일자로 세우는 것) 피니시를 할 수 있다. 타겟 쪽으로 머리를 확 밀고 나가는 느낌을 찾아보자. 스윙의 끝, 피니시가 당당해질 것이다.

시원히게 제대로 볼을 바라 바라

| 연습 방법 |

셋업 또는 임팩트포지션에서 시작한다.

1. 연습장(빈) 타석에 자리잡는다.

2. 셋업부터 임팩트까지의 핵심동작을 확인하며 임팩트 포지션을 만들어 본다.

3. 아니면, 셋업에서 바로 임팩트 포지션으로 전환하여 릴리스 연습을 준비한다.

4. 임팩트 포지션에서 릴리스 단계의 동작들을 생각하면서 오른쪽 어깨를 천천히 회전해 나간다.

5. 오른쪽 어깨가 회전할 때 어깨와 함께 머리를 적극적으로 들고 일어선다.

6. 피니시 때 시원하게 타겟 쪽 정면을 바라보고 있는지 확인하고, 맞으면 2~3초간 홀딩(Holding: 그 상태를 유지하는것)하면서 발부터 머리까지의 위치와 긴장감을 느낀다. 왼발 바깥쪽에 체중이 실리면서 직립이 되어 있는지도 확인한다.

7. 2~6번까지 3회 반복 연습한다.

8. 이제 4회째는 피니시 때 '머리를 확 밀고 나가면서 몸을 세우자'라는 생각에만 집중하고 볼을 하나 친다. 볼이 어디로 가던 신경 쓰지 않는다.

| 연습 스윙키 |

셋업에서부터 피니시까지 스윙연습을 위한 스윙키

'하나~'는 셋업에서 백스윙탑까지의 템포
'펴고-머리!'는 백스윙탑에서 다운스윙을 시작할 때, 왼쪽 다리를 쫙 펴주면서 임팩트 후 머리를 들고 타겟 쪽으로 내미는 동작을 단순화시켜 스윙키 말로 표현한 것이다.

위의 스윙키에만 집중하면서 볼을 하나 하나씩 친다. 전체 스윙 리듬과 함께 하는 해당 동작 스윙키 연습이다(자신만의 느낌을 바탕으로 자신의 스윙키를 만들어 보자/위는 예시).

7 단계 | **피니시**

7-③ 오른 발바닥 보여 주기

피니시 때 왼발로의 체중이동을 확인하는 피니시 포지션 중 하나가 오른쪽 발바닥 보여 주기 동작이다. 오른발을 지면과 수직으로 세우게 되면 오른쪽 발바닥이 100% 다 보이게 된다. 체중이동을 통한 스윙이 완성되었다는 증거이다.

왼발을 축으로 완전히 턴하라

다운스윙 단계의 첫 동작인 왼발 밟기에서 시작한다. 왼발, 특히 왼발 바깥쪽 부분을 축으로 힙이 턴하고 어깨가 턴하고 머리가 턴하고 마지막에 오른발이 턴하면서 만들어지는 포지션이다. 모두 턴하라. 순서를 지키면서.

왼발 바깥쪽에 힘이 실리면서 왼발 엄지발가락 부분이 살짝 들려져 있게 된다.

발바닥의 상표를 보여 줘라

발바닥 보여 주기 동작을 쉽게 할 수 있는 방법 중 하나는 피니시 때 오른쪽 골프화 바닥의 로고를 뒤 사람에게 보여 주는 것이다. 브랜드의 자신감을 피니시의 자신감과 연계해 보는 것이다.

보여 주자, 오늘 내가 어떤 브랜드의 골프화를 신었는지!

| 연습 방법 |

셋업 또는 임팩트포지션에서 시작한다.

1. 연습장(빈) 타석에 자리잡는다.

2. 셋업부터 임팩트까지의 핵심동작을 확인하며 임팩트 포지션을 만들어 본다.

3. 아니면, 셋업에서 바로 임팩트 포지션으로 전환하여 릴리스 연습을 준비한다.

4. 임팩트 포지션에서 릴리스 단계의 동작들을 생각하면서 오른쪽 어깨를 천천히 회전해 나간다.

5. 피니시를 위해 오른쪽 어깨 및 상체가 회전할 때 동시에 오른쪽 다리와 발의 회전을 느낀다.

6. 상체의 회전이 끝났을 때, 오른쪽 발이 지면과 수직으로 세워지면서 발바닥이 다 노출되었는가 확인한다. 바른 자세라고 생각하면 2~3초간 홀딩하면서 전체적 피니시 포지션을 느낀다.

7. 2~6번까지 3회 반복 연습한다.

8. 이제 4회째는 피니시 때 '오른쪽 발바닥을 보여 주자'라는 생각에만 집중하고 볼을 하나 친다.

9. 위 과정을 반복적으로 연습한다.

| **연습 스윙키** |

셋업에서부터 피니시까지 스윙연습을 위한 스윙키

'하나~'는 셋업에서 백스윙탑까지의 템포
'펴고-발바닥!'은 백스윙탑에서 다운스윙을 시작할 때, 왼쪽 다리를 쫙 펴주면서 피니시 때 오른쪽 발바닥을 보여 주는 동작을 단순화시켜 스윙키 말로 표현한 것이다.

하나~
펴고 - 발바닥!

위의 스윙키에만 집중하면서 볼을 하나 하나씩 친다. 전체 스윙 리듬과 함께 하는 해당 동작 스윙키 연습이다(자신만의 느낌을 바탕으로 자신의 스윙키를 만들어 보자/위는 예시).

7 단계 | **피니시**

7-④ 4시 피니시 만들기

피니시 때, 손의 위치와 클럽 샤프트의 방향을 보고 피니시의 강약을 파악할 수 있는 동작이다. 샤프트가 4시 방향을 가리킬 때 가장 파워풀한 몸통에 의한 피니시를 했다는 증거이다.

피니시가 바르게 되면 손의 위치는 왼쪽 귀를 지나서 놓이게 된다.

잘못된 동작 '6시 피니시'

아마추어에게 많이 보이는 '6시 피니시'는 파워풀한 하프 피니시의 연습 없이, 피니시 자세만 억지로 만든 결과이다. 오른쪽 어깨가 끝까지 회전하지 못하고, 몸통이 바로 서지 않았는데 자세만 잡고 있는 것이다.

피니시 포지션만 확인해 봐도 드라이브 비거리를 짐작할 수 있다. 거리를 내고 싶으면 바른 피니시를 위한 원인 동작을 고민하라.

손과 팔로 피니시를 만들지 마라

피니시 때 위험한 것은 억지로 피니시 자세를 만들고, 잡고 하려는 생각이다. 특히 손과 팔을 이용하여 피니시 자세를 만들려고 하는데 이는 피니시 파워를 잃게 만든다. 피니시는 억지로 만드는 것이 아니다. 자연스럽게 만들어지는 것이다.

피니시 자세에서 손의 위치나 팔의 모양새만을 잡아주는 레슨은 잘못된 것이다.
잘못된 자세가 나오게 된 원인 동작을 찾아서 고쳐 주어야 한다.

하프(Half) 피니시를 연습하라

풀 피니시(Full Finish)를 위해 하프 피니시 연습을 우선 해야 한다. 몸통 회전에 의한 하프 피니시는 컨트롤 샷할 때도 유용하고 풀 피니시 완성을 위해서도 많은 도움이 된다.

양팔에 적당한 힘이 들어가 있으며, 오른팔은 쫙 펴진 상태라야 강한 하프 피니시를 만들 수 있다. 이 포지션에서 계속 어깨 회전을 하면 4시 피니시가 나온다.

| 연습 방법 |

셋업 또는 임팩트 포지션에서 시작한다.

1. 연습장(빈) 타석에 자리잡는다.

2. 셋업부터 임팩트까지의 핵심동작을 확인하며 임팩트 포지션을 만들어 본다.

3. 아니면, 셋업에서 바로 임팩트 포지션으로 전환하여 릴리스 연습을 준비한다.

4. 임팩트 포지션에서 릴리스 단계의 동작들을 생각하면서 오른쪽 어깨를 천천히 회전해 나간다.

5. 왼발로의 체중이동을 확인하면서 오른쪽 어깨 중심으로 몸통을 턴한다.

6. 몸통 턴을 최대한 했을 때 자연스럽게 잡히는 피니시 자세를 느껴 본다. 다른 사람의 도움을 받아 사진을 찍어서 확인해 보자. 3~4시 사이에서 피니시가 만들어지면 바른 피니시가 된 것이다.

7. 2~6번까지 3회 반복 연습한다.

8. 이제 4회째는 피니시 때 '몸통 회전을 끝까지 해서 4시 피니시를 민들자'리는 생각에만 집중하고 볼을 하나 친다.

9. 위 과정을 반복적으로 연습한다.

| 연습 스윙키 |

셋업에서부터 피니시까지 스윙연습을 위한 스윙키

'하나~'는 셋업에서 백스윙탑까지의 템포
'펴고-턴턴턴!'은 백스윙탑에서 다운스윙을 시작할 때, 왼쪽 다리를 쫙 펴주면서 임팩트 후 오른쪽 어깨와 함께 몸통을 끝까지 회전하는 동작을 단순화시켜 스윙키 말로 표현한 것이다.

위의 스윙키에만 집중하면서 볼을 하나 하나씩 친다. 전체 스윙 리듬과 함께 하는 해당 동작 스윙키 연습이다(자신만의 느낌을 바탕으로 자신의 스윙키를 만들어 보자/위는 예시).

7 단계 | **피니시**

7-⑤ 밸런스 피니시 잡기

35개 스윙동작의 마지막은 균형 잡힌(Balanced) 피니시 자세를 잡고 지탱하는 것이다. 셋업에서 볼 수 있는 밸런스 감각을 피니시에서도 만들 수 있어야 한다.

왼발과 오른발의 체중 분배가 균형감 있게 잡혀 있는 셋업과 피니시 포지션. 한쪽에서 밀어도 흔들리지 않는다.

피니시는 결과물이다

35번째 스윙동작인 밸런스 피니시는 앞선 34개의 스윙동작을 제대로 만들게 되면 자연스럽게 나오는 결과물이다. 피니시에 문제가 있다면 그 자체를 교정하려고 하면 절대 안 된다. 밸런스 피니시가 안 된다면 그 앞의 동작들이 잘못 만들어졌다는 것을 의미하기에 그 안에서 원인을 찾아야 한다.

퍼즐 조각을 맞춰가듯 스윙 핵심동작 35개를 우리 몸에 제대로 조립하게 되면 완벽한 장타스윙을 만들 수 있다.

피니시를 잡고 즐겨라

피니시를 잡고 이제 즐길 타이밍이다. 자신이 친 볼이 떨어져서 멈출 때까지, 3~4초간 피니시 자세를 풀지 말고 그대로 지켜봐라. 즐길 여유도 없이 피니시가 무너진다면 앞선 동작이 잘못되었다는 것을 말한다.

볼이 아름답게 날아가는 것을 보는 것은 골프이 커다란 즐거움 중에 하나이다.

| 연습 방법 |

셋업 또는 임팩트 포지션에서 시작한다.

1. 연습장(빈) 타석에 자리잡는다.

2. 셋업부터 임팩트까지의 핵심동작을 확인하며 임팩트 포지션을 만들어 본다.

3. 아니면, 셋업에서 바로 임팩트 포지션으로 전환하여 릴리스 연습을 준비한다.

4. 릴리스 단계로 들어가며 오른쪽 어깨 중심으로 몸통 턴을 한다.

5. 몸통 턴을 최대한 했을 때 자연스럽게 잡히는 피니시 자세를 느껴 본다. 이 상태에서 피니시 포지션을 이루는 동작들을 하나씩 확인해 보고, 틀린 것은 수정하면서 바른 밸런스 피니시를 잡아간다.

6. 2~6번까지 3회 반복 연습한다.

7. 이제 4회째는 '피니시를 잡고 볼 날아가는 것을 즐기자'라는 생각에만 집중하고 볼을 하나 친다.

8. 위 과정을 반복적으로 연습한다.

| 연습 스윙키 |

셋업에서부터 피니시까지 스윙연습을 위한 스윙키

'하나~'는 셋업에서 백스윙탑까지의 템포
'펴고-즐기자!'는 백스윙탑에서 다운스윙을 시작할 때, 왼쪽 다리를 쫙 펴주면서 임팩트 후, 오른쪽 어깨와 함께 몸통을 끝까지 회전하여 피니시를 잡으면서 볼이 날아가는 것을 즐기는 동작을 단순화시켜 스윙키 말로 표현한 것이다.

위의 스윙키에만 집중하면서 볼을 하나 하나씩 친다. 전체 스윙 리듬과 함께 하는 해당 동작 스윙키 연습이다(자신만의 느낌을 바탕으로 자신의 스윙키를 만들어 보자/위는 예시).

PART 4

스코어 연습법과 레슨사례

The goal of practice is to lower the score.
Therefore we should practice to make not the
beautiful swing but the beautiful score.

연습의 목적은 스코어를 낮추기 위함이다.
그러므로 우리는 아름다운 스윙을 만드는 것이 아니라
아름다운 스코어를 만들기 위해 연습해야 한다.

— 코치 TK

하나. 스코어 연습법 10가지

1. 연습일지

이 책을 연습일지로 활용하자. 골프백(캐디백)에 넣고 다니면서 연습장에서 항상 꺼내서 보고, 참고하고, 느낀 것을 해당 페이지에 적어 나간다.

특히 해당 동작별 스윙키를 연습할 때 적극 활용하고 자신만의 스윙키를 만들고 적어보자.

2. 확장연습

35개 스윙동작 하나의 연습에서 시작하여 스윙 전체의 완성까지 다음의 단계를 통해 확장 연습해 나간다.

① 스윙 7단계별 동작 5개를 하나씩 분리해서 집중 연습한다.
② 단계별로 동작 5개를 통합하는 단계연습을 한다.
③ 7단계의 스윙 단계연습이 끝나면 중단계(셋업-백스윙-다운스윙-피니시 4단계) 연습을 한다.
④ 스윙 7단계 35개 동작을 통합하는 전체 스윙연습을 한다.
　　전체 스윙이 스윙키를 찾아낸다.
⑤ 전체 스윙 연습 시 자신만의 템포와 리듬을 찾는다.

3. 집중연습

볼을 치지 않고 천천히 해당 동작을 만들어 나갈 때에는 해당 동작 하나에만 집중한다. 볼을 치는 연습에서는 전체 스윙리듬, 특히 백스윙 템포와 함께 스윙동작 하나에만-최대한 2개-집중하며 연습하는 습관을 만들어 가야 한다. 여러 가지 일을 가장 빠르게 하는 방법은 한번에 하나씩 하는 것이다. 스윙할 때 잘 치려고 여러 가지를 생각하고 집중(?)하는 것은 스윙 파괴의 원인이자 스윙 혼란의 시작이다.

4. 생각연습

'연습은 의식으로, 플레이는 무의식으로', 연습은 안 되는 동작이나 스킬을 만들어 가는 과정이다.

어떤 동작이 왜 잘 안 되는지, 어떤 동작은 잘 된 것 같은데 왜 볼은 잘 안 맞는지 항상 생각하고 고민하는 연습을 해야 한다. Why(왜)와 How(어떻게)에 대한 의문점을 갖고 연습하자.

**생각 없는 좀비골퍼가 되지 말고
생각하는 인간골퍼가 되자.**

5. 실수연습

골프에서 실수는 당연한 것이다. 이런 실수에 열받지 말고 실수 자체를 즐길 줄 알아야 한다. 실수가 나오니깐 연습하는 것이다.

실수를 바로잡으면 그만큼 실력이 나아질 수 있는 기회가 된다. 실수를 당연히 생각하고 즐겁게 받아들이는 연습을 하자.

"아직도 뒤땅이 나는 것 보니 다운스윙 동작 4-① '왼발 확실히 밟기' 4-⑤ '코킹 유지하기'가 잘못된 것 같다. 다시 제대로 연습해 보자."

6. 미션(Mission)연습

시간중심 연습보다 미션중심 연습을 하도록 하자. 특정 스윙동작 하나나 특정한 샷 하나가 완성될 때까지 끝장 연습을 해 본다는 마음을 갖는 것이다. 기간별 미션이나 오늘 연습의 미션을 정하고 그 미션이 완성될 때까지 집중적으로 해 보는 것이다.

"오늘은 백스윙탑 동작 3-④ '오른쪽 팔꿈치 땅으로'를 완전 연습해 보자."

7. 티칭(Teaching)연습

남을 가르치는 연습보다 나은 연습법은 없다. 남을 가르친다는 것은 내가 이해하고, 이해한 것을 말로 표현하고, 남과 소통할 수 있다는 것이다.
또한 가르치는 과정 속에서도 많이 배우게 된다. 내가 먼저 해당 동작을 완성하고 친구를 가르쳐 보자. 완벽한 나의 스윙을 위해서!

"자네는 임팩트 스윙동작 5-③ '왼쪽 어깨 타겟라인 평행하기'가 제대로 연습이 안 되어 계속 슬라이스가 나는 것 같아."

8. 타겟(Target)연습

이렇게 스윙을 열심히 연습하는 것도 결국 필드에서, 시합 때 볼을 내가 정한 타겟으로 보내기 위함이다. 타겟에는 거리와 방향타겟이 있다. 컨트롤(Control)스윙의 경우는 거리와 방향을 동시에 맞추어야 하시민, 이 책에서 만들고자 하는 풀(Full)스윙인 경우는 평소에는 거리를 늘리는 연습을, 시합 전에는 방향타겟에 집중하여 연습하는 것이 필요하다.

거리는 연습장에만 있다. 필드에서, 시합 때는 방향이 제1타겟이다.
티샷은 살아 있어야 하기 때문이다. 필드를 나가기 전에는 반드시 방향을 지키는
스윙키를 만들고 나가야 한다.

9. 샷메이킹(Shot-Making)연습

타겟의 끝판 왕이 샷메이킹이다. 볼을 치기 전에 뒤에서 볼이 임팩트되어
날아가서 랜딩 후 굴러가는 디테일한 이미지를 그리고, 그 이미지에 맞게
볼을 치고자 하는 것이 샷메이킹이다.

기본 스윙에 대한 연습이 끝난 후 향후 연습의 끝은 샷메이킹되어야 한다.
그래야 원하는 타겟으로 볼을 쉽게 보내고 스코어를 낼 수 있기 때문이다.
티박스에서 그린으로 가면 갈수록 더 정교한 샷 이미지를 그리는 습관을 가져야 한다.

10. 연습 습관

볼을 보고 스윙을 고쳐라. 볼은 스윙의 결과물이다. 볼을 보면 어떤 스윙을
했는지, 어떤 스윙동작이 잘못되었는지를 알아야 한다. 볼을 보고 자신의
스윙을 분석하는 연습 습관을 만들어 나가자.

Ball = Coach

셀프레슨, 바른 연습법의 핵심이다.
볼을 자신의 코치로 생각하고 볼이 하는 말을 잘 듣고 35개의 스윙동작과 연결시켜
꾸준히 연습해 보자.

둘. 스윙레슨 솔루션 사례

CASE 1

40대 영어학원 회장/구력 3년

| 문제점 |

- 거리가 너무 안 나고 볼이 뜨기만 함
- 테이크어웨이를 너무 안쪽으로 높게 급하게 뺌

| 솔루션 스윙동작 |

- 테이크어웨이 동작 2-① '클럽헤드 뒤로 쭉 보내기' 2-② '클럽헤드 천천히 낮게 빼기'를 제대로 연습시킴
- 백스윙의 폭이 커지고 임팩트 후 파워릴리스가 가능해짐
- 홈 코스에서 평소보다 15~20m 더 나감

CASE 2

50대 고위공무원/구력 10년

| 문제점 |

- 거리를 내려고 강하게만 때리려고 함
- 임팩트 때 어깨와 힙이 같이 열리는 현상으로 심한 풀 훅이나 슬라이스 발생

| 솔루션 스윙동작 |

- 임팩트 동작 5-② '왼쪽 힙 확실히 열기' 5-③ '왼쪽 어깨 타겟라인 평행하기'에 의한 분리운동 집중 훈련 결과로 약간의 In-to-Out 스윙 Path(길)가 만들어짐
- 예쁜 드로우 볼이 만들어지면서 방향성도 확보되고 거리도 20m 이상 늘어남

고2 주니어 남자선수

| 문제점 |

- 푸시 슬라이스 구질로 인해 우측으로 OB가 자주 나면서 중요한 대회에서 입상하지 못함
- 릴리스 단계에서 클럽헤드를 그대로 밀고 나가는 습관이 있음

| 솔루션 스윙동작 |

- 릴리스 동작 6-⑤ '손목 로테이션하기'를 연습함
  왼쪽으로 많이 감기는 샷이 나오기도 하고 우측으로 열려가는 볼이 나왔지만 자신만의 손목 로테이션 타이밍을 찾으면서 샷이 안정화됨
- 그 이후 어떤 코스에서도 드라이브 티샷 OB가 나지 않음. 고3 때 상위 성적으로 프로테스트 통과함

CASE 4

KLPGA 투어프로

| 문제점 |

- 짧은 숏아이언이 그린에 랜딩 후 멈추지 않고 굴러가는 샷이 나옴. 결과적으로 런의 양이 많아서 핀을 지나치거나 그린을 벗어나는 경우가 자주 발생함
- 탄도를 높이려고 다운 때부터 퍼올리는 샷을 함

| 솔루션 스윙동작 |

- 다운스윙 동작 4–⑤ '코킹 유지하기'로 백스윙탑에서 만들어진 'ㄷ자 블록'을 최대한 끌고 내려오는 동작을 집중훈련
- 피칭도 스핀이 제대로 안 먹다가 훈련 후에는 7번 아이언까지 스핀이 먹으면서 거리를 컨트롤할 수 있게 됨
- 정규 투어에서 우승함으로서 챔피언 클럽에 등록됨

CASE 5

KPGA 투어프로

| 문제점 |

- 방향성과 거리에서 모두 일관성이 부족해 의도하는 샷 메이킹을 만들지 못함
- 백스윙탑에서 오른 팔꿈치가 치킨 윙이 되면서 스윙 Path(길)에 문제가 생김

| 솔루션 스윙동작 |

- 백스윙 동작 3-④ '오른쪽 팔꿈치 땅으로'를 훈련함
- 팔꿈치의 방향과 몸과의 거리를 일정하게 만들어감
- 다운스윙이 정해진 스윙 플레인에 맞게 내려오게 되면서 샷의 일관성을 찾을 수 있게 됨
- KPGA 투어시드를 유지하며 상위 성적을 내기 시작함

김태균(Coach TK)

휘문고등학교, 연세대학교 사회과학대학 졸업
뉴질랜드 AUT대학교 졸업(Golf Coaching 전공)
뉴질랜드 티칭프로 및 미국골프지도자연맹 회원
전략멘탈서 [스윙하지 말고 플레이하라]의 저자
중앙일보, 한국경제신문 골프칼럼니스트 역임
현, S-CORE 골프아카데미 헤드코치(기흥 리베라CC 소재)
    국내 유일의 스코어코치로 KPGA,
    KLPGA 프로 및 쥬니어 선수를 육성하고 있음
    (KPGA, KLPGA 투어 우승자 다수 배출)

스코어를 내는 스킬
(샷메이킹, 스윙원리, 시합전략, 강한 멘탈, 바른 연습법)을
코칭하는 골프아카데미(☎ 010-7569-2025)